dtv

Was bedeutet es, wenn Wirtschaftssysteme immer unmenschlicher werden? Hat die Wirtschaft nun endgültig die Herrschaft über die Politik angetreten? Forresters These reicht weiter: Mit dem Ultraliberalismus hat sich im Inneren der westlichen Demokratien eine fundamental anti-demokratische Ideologie ausgebreitet, deren Ziel der pure und zunehmend virtuelle Profit ist. Der Wertsteigerung von Unternehmen an der Börse werden heute nicht nur unzählige Arbeitsplätze geopfert – die Diktatur des Profits wird, wenn es nicht zur Wiederkehr einer politischen Kultur kommt, auch die Zukunft der modernsten Entwicklungen zerstören: Denn die Profitideologie ignoriert den möglichen Nutzen für die Menschen und verplant sie als reine Spekulationsobjekte. »Forresters Verdienst aber ist es, dem Individuum, das sich über die zunehmende Unsicherheit seiner Existenz ängstigt und empört, mit ihren Büchern eine Stimme gegeben zu haben« (Georg M. Oswald, ›Die Woche‹).

Viviane Forrester, geboren 1927, Autorin preisgekrönter Romane und Essays, Literaturkritikerin für ›Le Monde‹, ›Le Nouvel Observateur‹ und ›Quinzaine littéraire‹, lebt in Paris. Wichtige Veröffentlichungen u. a. ›La violence du calm‹ (1980), ›Mains‹ (1988), ›Ce soir, après la guerre‹ (1992), ›L'horreur économique‹ (Der Terror der Ökonomie, 1997).

Viviane Forrester

Die Diktatur des Profits

Aus dem Französischen
von Tobias Scheffel

Deutscher Taschenbuch Verlag

Ungekürzte Ausgabe
Juli 2002
Deutscher Taschenbuch Verlag GmbH & Co. KG, München
www.dtv.de

Titel der französischen Originalausgabe: Une étrange dictature

Umschlagkonzept: Balk & Brumshagen
Umschlaggestaltung: Catherine Collin unter Verwendung einer
Fotografie von © Getty Images Bavaria/Christoph Wilhelm
Satz: Filmsatz Schröter GmbH, München
Druck und Bindung: Druckerei C. H. Beck, Nördlingen
Gedruckt auf säurefreiem, chlorfrei gebleichtem Papier
Printed in Germany · ISBN 3-423-36281-2

Täglich erleben wir das Fiasko des Ultraliberalismus. Täglich beweist dieses ideologische System, das sich auf das Dogma (oder das Phantasma) einer Selbstregulierung der sogenannten Marktwirtschaft stützt seine Unfähigkeit, sich selbst zu verwalten, zu kontrollieren, was es hervorruft, zu beherrschen, was es entfesselt. Und zwar in einem solchen Maße, daß seine Initiativen, welche die Gesamtheit der Bevölkerung mit aller Härte treffen, sich als Bumerangeffekt schließlich gegen dieses System selbst richten, das sich unfähig zeigt, in all seinen andauernden Zwangsmaßnahmen auch nur ein Mindestmaß an Ordnung herzustellen.

Woher kommt es, daß dieses System mit immer der gleichen Arroganz weiteragieren kann, daß seine eigentlich so hinfällige Macht wächst und wächst und seine Vormachtstellung sich immer weiter vergrößert? Woher kommt es vor allem, daß wir immer stärker den Eindruck haben, mitten im Einflußbereich einer verhängnisvollen »weltweiten«, »globalisierten« Macht gefangen zu sein, die so groß ist, daß es vergeblich wäre, sie in Frage zu stellen, sinnlos, sie zu analysieren, absurd, sich ihr entgegenzustellen, und wahnsinnig, auch nur davon zu träumen, sich von einer solchen Allgewalt zu befreien, die angeblich mit der Geschichte selbst eins sein soll? Woher kommt es, daß wir nicht reagiert, sondern nachgegeben haben, ja, daß wir sogar ständig wieder zustimmen und einwilligen, wie gelähmt, wie in einen Schraubstock gespannt, von repressiven, diffusen Kräften umgeben, die sich auf alle Gebiete auszubreiten drohen?

Es ist Zeit, aufzuwachen und uns klarzumachen, daß wir nicht unter der Herrschaft eines unausweichlichen Schicksals leben, sondern – viel banaler – unter einem neuen politischen System, das nicht eingesetzt und ausgerufen wurde und dennoch international, ja weltweit regiert und das sich vor aller Augen, aber trotzdem unbemerkt breitgemacht hat, nicht unterschwellig, sondern hinterhältig, anonym, ein System, das um so weniger wahrgenommen wird, als seine Ideologie das Prinzip des Politischen ausschließt und seine Handlungsfähigkeit nicht der politischen Macht und ihrer Institutionen bedarf. Dieses System regiert nicht, es verachtet – besser, es ignoriert, was und wen es zu regieren hätte. Die klassischen Instanzen und politischen Aufgaben sind in seinen Augen zweitrangig, sie interessieren es nicht: Im Gegenteil, sie würden es nur stören, würden es vor allem der allgemeinen Aufmerksamkeit aussetzen und damit zu einer Zielscheibe werden lassen. Damit würde es möglich, seine Machenschaften aufzuspüren, es als Ursache und Motor weltweiter Dramen zu erkennen, in deren Zusammenhang *nicht* genannt zu werden diesem System gerade gelungen ist; denn wenn es auch die eigentliche Führung des Planeten übernommen hat, so überträgt es doch den einzelnen Regierungen die Durchführung dessen, wofür es steht. Und was die jeweilige Bevölkerung angeht, so nimmt es diese nur manchmal wahr, nur dann, wenn sie sich empört, wenn sie ihre Zurückhaltung, jenes ungebrochene Schweigen aufgibt, das ihr vermeintlich zukommt.

Es geht diesem System nicht darum, eine Gesellschaft zu organisieren und in diesem Sinne Machtstrukturen zu schaffen, sondern darum, eine fixe Idee, man könnte sagen, eine wahnsinnige Idee zu verwirklichen: die Obsession, dem widerstandslosen Spiel des Profits den Weg zu bahnen – und zwar dem Spiel eines immer abstrakteren, immer virtuelleren Profits. Die Obsession zuzusehen, wie der Planet zu einem Spielfeld ausschließlich *einer* Triebkraft wird, die zwar sehr menschlich ist, von der man aber nicht gedacht hatte, daß sie zum einzigen herrschenden Element, zum Endziel des erdumspannenden Abenteuers werden sollte – zumindest sieht es danach aus: dem Gefallen am Anhäufen, dieser neurotischen Gewinnsucht, dieser Verlockung des Profits, des puren Gewinns, der eine Bereitschaft zu allen Verheerungen weckt und das gesamte Territorium unter seine Herrschaft bringt oder besser: den gesamten, nicht nur geographisch definierten Raum.

Einer der besten Trümpfe, eine der besten Waffen auf diesem Raubzug war die Einführung eines perversen Begriffs, des Begriffs der »Globalisierung«[1], der den Zustand der Welt vermeintlich benennt, ihn in Wirklichkeit aber verschleiert, und der – als unscharfes Kürzel ohne wirkliche, zumindest aber ohne präzise Bedeutung – Wirtschaft, Politik, Gesellschaft und Kultur einschließt, sie

1 Der Begriff »Mondialisation« (etwa ›weltweite Ausdehnung‹) als Synonym für »Globalisierung« wird nur in Frankreich verwandt. Er hat eine gewisse schicke, weltoffene Konnotation, die jedoch vollständig usurpiert wurde. Wenn er auch einen hegemonialen Zug ausdrückt, so wird damit ursprünglich nicht (wie beim Ausdruck »Globalisierung«) unbewußt jener Wille verstanden, nicht nur das gesamte Territorium des Planeten zu erobern, zu überfallen, sondern all dessen materielle wie immaterielle Einzelteile einzukreisen und zu umschließen. Der allgemeiner verbreitete Begriff »Globalisierung« wird im vorliegenden Textbevorzugt.

verschwinden läßt, um sich an deren Stelle zu setzen und dieses Amalgam der Analyse wie auch jeder sachlichen Bestandsaufnahme zu entziehen. Die reale Welt scheint mitgerissen, hineingezogen in diesen virtuellen Globus, der als Realität ausgegeben wird. Und wir haben den Eindruck, ebenfalls im Mittelpunkt dieses Globus gefangen zu sein, in einer Falle ohne Ausweg.

Gerade eben hat ein Journalist im Radio erklärt (im Zusammenhang mit Unternehmen, die jene heute alltäglich gewordenen, zu Massenentlassungen führenden Entscheidungen verkünden – in diesem Fall ging es um eine Fusion): »Die Globalisierung zwingt sie dazu ...« Ach wirklich? Wozu dann eigentlich noch weitermachen? Warum nicht einfach warten, bis man ausgelöscht wird? Und für alle, denen es dazu an Entschlossenheit fehlt, hier noch ein wirklich schlagendes Argument: »Die Erhaltung der Wettbewerbsfähigkeit erfordert, daß ...« Und doch hat »die« Globalisierung hier keine Bedeutung. Was zur Fusion (und dadurch zu Entlassungen) »zwingt«, ist ausschließlich die »Notwendigkeit« der Profitmaximierung. Man wird einwenden, daß dieser Profit allen zugute kommt und für alle erforderlich ist, daß vom Aufschwung der Unternehmen, jenen Hennen, die goldene Eier legen, die Schaffung von Arbeitsplätzen abhängt, der Rückgang der Arbeitslosigkeit und folglich das Schicksal der großen Masse. Aber das hieße zu vergessen, daß das betroffene Unternehmen bereits blühte, solange es all jene beschäftigte, die es jetzt hinauswirft. Nicht seinen Umsatz möchte es jetzt erhöhen, sondern – eben gerade, weil es blüht – den Gewinn, den es erwirtschaftet und den seine Aktionäre aus diesem Umsatz ziehen. Und das erreicht es nicht, indem es Arbeitsplätze schafft, sondern indem es Angestellte auf die Straße setzt!

Es hieße ferner, zu vergessen, daß in der ganzen Welt unter dem Klang der offiziellen Leier »Beschäftigung hat Vorrang« die (in den meisten Fällen sehr profitablen) Unternehmen, die mit großem Schwung entlassen, sofort – und zwar *aus eben diesem Grund* – erleben, wie ihr Börsenkurs pfeilschnell in die Höhe schießt, während ihre Entscheidungsträger verkünden, daß ihre Lieblingsdirektive die Senkung der Arbeitskosten sei, also Massenentlassungen. Täglich gibt es neue Beispiele.

Genannt seien hier nur ein paar, nur aus dem Monat März 1996:

Am 7. wird die Höhe des Einkommens von Robert Allen, dem Vorstandsvorsitzenden von ATT (einem amerikanischen Telekommunikationsriesen), der zwei Monate zuvor 40 000 Entlassungen angekündigt hatte, in der Presse veröffentlicht: Mit 16,2 Millionen Dollar, also etwa 32 Millionen DM (ein Drittel davon in *Stock-options*) hat sich sein Gehalt seit dem Vorjahr fast verdreifacht. Dem steht keinerlei Gewinn gegenüber, nur jene 40 000 Entlassungen ...

Am 9. kündigt Sony die Streichung von 17 000 Stellen an; der Börsenkurs steigt – bei einem sonst sehr ruhigen Markt – am selben Tag um 8,41, am nächsten Tag um 4,11 Punkte.

Am 11. verkündet Alcatel (bei 15 Milliarden Franc Gewinn) 12 000 Entlassungen, was die Zahl der Entlassungen in vier Jahren auf insgesamt 30 000 steigen läßt, und am 19. kündigt die privatisierte Deutsche Telekom 70 000 Entlassungen in den kommenden drei Jahren an.

Am 25. beschließt Akai 154 bis 180 Entlassungen in seiner Fabrik in Honfleur, in der 484 Angestellte beschäftigt sind. Das Motiv: Die Verlagerung der Produktion nach Großbritannien und Thailand.

Am selben Tag entläßt die Swissair nach einem ersten Schub von 1600 Entlassungen weitere 1200 Arbeiter und Angestellte. Das Ziel: die Erhaltung der Wettbewerbsfähigkeit und Einsparungen in Höhe von 500 Millionen Schweizer Franken.

France Télécom stellt nicht ein (bei 15 Milliarden Franc Gewinn) usw.

Nach diesen wenigen praktischen Beispielen, die sich fortführen ließen, erkennt man die Absurdität von Aussagen wie: Die Beschäftigung ist abhängig vom Wachstum, das Wachstum von der Wettbewerbsfähigkeit; die Wettbewerbsfähigkeit vom Umfang, in dem Arbeitsplätze gestrichen werden können. Das läuft auf die Aussage hinaus: Im Kampf gegen die Arbeitslosigkeit gibt es kein besseres Mittel als Entlassungen!

»Die Globalisierung zwingt ...«, »Die Erhaltung der Wettbewerbsfähigkeit erfordert ...« Göttliche Stimmen! Es handelt sich nicht mehr um Argumente, sondern um Verweise auf die Doktrin, um Dogmen, die gar nicht mehr ausgesprochen werden müssen: Auf sie anzuspielen sollte ausreichen, jegliche Anwandlung von Widerstand für nichtig zu erklären. »Globalisierung« gehört zu jenem wuchernden Vokabular, das sich aus Begriffen zusammensetzt, die – verfälscht und zum Zwecke einer wirksamen Propaganda immer wieder eingebleut – die Gabe haben, auch ohne eine wirkliche Argumentation zu überzeugen. Ihr schlichtes Aussprechen ermöglicht eine meisterliche Manipulation der Menschen, denn wenn diese Begriffe sich einmal in die gängige Sprache eingeschlichen haben und schließlich selbst von ihren Gegnern verwendet werden, scheinen sie das, was die Propaganda erst durchsetzen will, was sie aber nur schwerlich belegen könnte, als offensichtlich, sicher und gegeben zu bestätigen. Erwähnen wir unter diesen zahlreichen Ausdrücken nur den berühmten »freien Markt«, der frei ist, unbeschränkt Profit zu machen; die »Umstrukturierungen«, die die Zerschlagung von Betrieben bezeichnen oder zumindest die Auflösung ihrer Belegschaft. Massenentlassungen vorzunehmen, also eine dramatische Beschädigung der Gesellschaft zu betreiben, heißt nun, »einen ›Sozialplan‹ ausarbeiten«. Wir sind aufgefordert, »öffentliche Defizite« zu bekämpfen, die in Wirklichkeit jedoch Gewinne für die Öffentlichkeit darstellen: Die als überflüssig, ja schädlich angesehenen Ausgaben haben keinen anderen Nachteil als den, daß sie nicht unmittelbar rentabel und somit für die Privatwirtschaft verloren sind, da sie einen für diese unerträglichen Gewinnausfall darstellen. Nun sind diese Ausgaben für wesentliche Bereiche der Gesellschaft aber lebensnotwendig, vor allem für das Erziehungs- und das Gesundheitswesen. Sie sind nicht »nützlich« und nicht »notwendig«: Sie sind *unverzichtbar*; von ihnen hängen die Zukunft und das Überleben jeglicher Zivilisation ab.

Das eigentliche Meisterwerk aber – ein wahres Juwel, ein Triumph! – bleibt die »Globalisierung«. Allein ihr Name, reduziert auf dieses eine Wort, umfaßt alle Gegebenheiten unserer Epoche und schafft es, die Hegemonie eines politischen Systems, des Ultraliberalismus, zu tarnen – der in diesem Amalgam nicht mehr zu identifizieren ist und der, ohne offiziell an der Macht zu sein, über all das bestimmt, worüber die Regierungen zu herrschen haben, und infolgedessen über eine den ganzen Planeten umfassende Allmacht verfügt.

Das Betreiben der Globalisierung erfolgt auf der Basis dieser politischen Entscheidung, der Entscheidung für eine ultraliberale Ideologie. Ist das ein Grund, die Globalisierung mit der Ideologie zu verwechseln, von der sie betrieben wird, mit der sie aber nicht identisch ist? Diese Verwechslung unterläuft uns jedoch, und damit verleihen wir dem Ultraliberalismus die Irreversibilität, die Unabwendbarkeit auch der technologischen Fortschritte, welche die Globalisierung, nicht aber den Liberalismus definieren. Vor allem aber vergessen wir, daß die Globalisierung keine ultraliberale Führung erfordert und daß letztere nur eine (übrigens unglückliche) Methode unter anderen möglichen darstellt. Kurz, die Globalisierung ist vom Ultraliberalismus zu unterscheiden – und umgekehrt. Trotzdem ist es, wenn wir die eine erwähnen, unbewußt der andere, auf den wir uns beziehen, und wir übertragen auf letzteren die Vorstellung der Schicksalhaftigkeit, die der ersteren innewohnt. Dabei hat doch der Ultraliberalismus selbst nichts Schicksalhaftes.

Was uns als das Ergebnis einer Globalisierung verkauft wird, die so allgegenwärtig ist, daß sie alles einschließt, und was wir auch als deren Ergebnis empfinden, ist nur das Ergebnis einer bewußten Politik, die weltweit betrieben wird, die aber trotz ihrer Macht nicht unabwendbar, nicht gewissermaßen vorherbestimmt ist, sondern im Gegenteil konjunkturbedingt, vollständig analysierbar und durchaus strittig. Sie ist es, die die Globalisierung betreibt und dieser ihr Diktat aufzwingt. Es handelt sich hier um die Wahl einer bestimmten Form der Führung, die mit dieser Politik aufs engste verbunden ist. Aber es gibt tausend andere und zweifellos vorzuziehende Formen der Führung. Die aktuelle Wahl ist keineswegs schicksalhaft, wiederholen wir das.

Nicht die »Globalisierung« – ein vager Begriff – ist es, die schwer und unverrückbar auf der Politik lastet und sie lähmt. Es ist vielmehr eine präzise Politikform, der Ultraliberalismus, der sich die Globalisierung im Dienst einer Ideologie untertan macht und die Wirtschaft unterwirft. Es handelt sich um eine Politik, die ihren Namen nicht nennt, die auch gar nicht vor hat zu überzeugen, die zu keinerlei wirklicher Zustimmung aufruft, nicht danach strebt – wir haben es bereits gesagt –, irgendeine offizielle Macht auszuüben, und die sich um so weniger brüstet, ihre Prinzipien zu verkünden, als diese sich nur auf ein einziges Ziel richten, das kaum Chancen hätte, die Massen zu begeistern: für die Privatwirtschaft immer schnellere und phänomenalere Megaprofite zu erreichen, und das um jeden Preis.

Diese nicht sichtbare, alles in allem *korporatistische* Politik begnügt sich damit, die irrsinnigen Freizügigkeiten, die Anarchie einer Geschäftswelt und einer Marktwirtschaft, die in eine Wirtschaft der reinen Spekulation abgeglitten sind, zu stützen und zu banalisieren; die Deregulierungen und Produktionsverlagerungen sowie Kapitalfluchten für rechtmäßig zu erklären, eine geradezu religiöse Verehrung der Währungen ebenso auszuspielen wie deren Sabotage, wie auch die Umleitung von Finanzströmen und mafiose Entwicklungen. So entsteht der Rahmen oder besser die Sackgasse, innerhalb deren es anscheinend keinen anderen Ausweg gibt, als sich den Bedingungen des Profits, die nicht die der großen Masse sind, »anzupassen«. Eine Sackgasse, in der das Theater der Politik, die von der Hilfe und Vermittlung der offiziellen Macht profitiert, nun gehalten ist, diese »Anpassung« zu organisieren und es dabei bewenden zu lassen.

Man sieht hier, wie die Globalisierung als Bemäntelung für das wahnsinnige Ausmaß einer politischen Wirkkraft dient – oder besser, wie der Ultraliberalismus, die derzeit herrschende Ideologie, die Grundlage eines oligarchischen

Systems, sich unter dem Deckmantel der Globalisierung versteckt.

Welch ein Betrug! Denn wenn auch die Tatsache der Globalisierung, eines historischen Phänomens, nicht rückgängig zu machen ist, da sie aus einer nicht zu verändernden Vergangenheit hervorgeht, so sind ihre Potentiale doch nicht im Protokoll der Vergangenheit festgeschrieben: Ihre Zukunft ist völlig offen und hängt von unterschiedlichen Dynamiken ab, von verschiedenen Projekten und Intentionen, die in der Lage sind, die Globalisierung zu mobilisieren, vor allem aber von der breiten Palette möglicher politischer Strategien, um sie zu steuern. Der Ultraliberalismus ist nur eine dieser möglichen Steuerungskräfte, und er ist nicht identisch mit dem Phänomen, dessen Eigenschaften er zu usurpieren versucht, um selbst als irreversibles Faktum zu erscheinen, um die Geschichte in unserer Epoche enden zu lassen (oder den Glauben zu verbreiten, sie habe dort geendet), einer Epoche, die eigentlich nur eine Phase, eine Episode der Geschichte darstellen dürfte, der wie anderen vor oder nach ihr nur eine mehr oder weniger lange Dauer gegeben ist. In Wirklichkeit ist der Liberalismus – weit davon entfernt, ein Synonym dieses historischen Phänomens zu sein – nichts anderes als ein einfaches Element der Geschichte, genau wie andere wahrscheinlich dazu bestimmt, nicht zu dauern.

Dennoch gelingt es ihm, ein präzises ideologisches System und dessen vorsätzliche Praktiken als natürliche Phänomene gelten zu lassen, so irreversibel und unerbittlich wie der Urknall, denen genausowenig entgegenzusetzen ist wie den Gezeiten, dem Wechsel von Tag und Nacht oder der Tatsache, daß wir alle sterblich sind. Es geht also gar nicht mehr darum, mit dem Ultraliberalismus einverstanden zu sein oder nicht, da er – ob das nun wünschenswert ist oder bedauerlich – als gegebenes Faktum gilt, auf das hin der Lauf der Geschichte stets ausgerichtet war. Widerstand? Wäre ungebührlich und grotesk! Wer würde es wagen, die Spitzentechnologien abzulehnen, den Handel in Echtzeit und so viele andere wirklich beachtliche Errungenschaften, die ihm ohne viele Umstände, aber zu Unrecht zugeschrieben werden? Wer könnte wohl so unwissend sein, daß er nicht wüßte, daß es sich hier um Grundpfeiler unserer Geschichte handelt?

Nun sind diese Fortschritte der Spitzentechnologien untrennbar mit der Globalisierung verbunden, nicht aber mit der Ideologie, die vorgibt, mit ihr identisch zu sein. Wenn diese Technologien dem Liberalismus auch seinen Triumph ermöglicht haben, so sind sie doch etwas von ihm völlig Getrenntes. Er ist von ihnen abhängig, benutzt sie, manipuliert sie; sie hängen nicht von ihm ab und haben in ihm auch nicht ihren Ursprung, sie könnten sehr gut von ihm unterschieden werden, ohne sich dadurch im geringsten zu verändern. Im Gegenteil, auf diese Weise würden sie für andere Arten der Verwendung verfügbar, wären nicht mehr mit Beschlag belegt; dann könnten sie endlich der Masse der Menschen nutzen, statt ihr zum Verhängnis zu werden.

Halten wir fest, daß Ultraliberalismus und Globalisierung keine Synonyme sind.

Wenn wir glauben, von Globalisierung zu sprechen (einer passiven und neutralen Definition des aktuellen Zustands der Welt), so ist fast immer von Liberalismus die Rede (einer aktiven, aggressiven Ideologie). Eine ständige Konfusion, die es erlaubt, jegliche Ablehnung dieses politischen Systems, seiner Unternehmungen und ihrer Konsequenzen für die Ablehnung der Globalisierung und des Amalgams auszugeben, auf dem sie beruht und von dem die Fortschritte der Technologie nur ein Teil sind. Den Vorbetern des Liberalismus fällt es also leicht, achselzuckend oder mit spöttischer Miene ihre Gegner zu widerlegen, sie als beklagenswert provinziell hinzustellen, als lächerliche Menschen, die willenlos in ihrer Rückständigkeit verharren und hartnäckig die Geschichte leugnen. Und den Fortschritt erst recht.

Ein entscheidender Kunstgriff, die List hinter diesem beliebig dehnbaren Vokabular, das sehr verbreitet ist und sich täglich weiter ausbreitet und zu dem der Begriff »Globalisierung« gehört: Es kommt so weit, daß man die wunderbaren Errungenschaften der neuen Technologien, ihre nicht rückgängig zu machende Entwicklung mit dem politischen Regime verwechselt, das sie nutzt. Als ob es selbstverständlich wäre, daß das riesige Potential an Freiheit und gesellschaftlicher Entwicklungsfähigkeit, das der gesamten Menschheit durch Forschung, Erfindungen und neue Entdeckungen zur Verfügung steht, sich schließlich in ein Desaster verwandelt, ein Gefängnis für die Menschen.

Man beginnt übrigens allmählich, die *Dauer* der Geschichte auf etwas zu übertragen, was nur eine ihrer Phasen darstellt. Nun ist die Geschichte aber gerade der Motor einer ständigen Veränderung; diese ewige Bewegung definiert sie; sie könnte also niemals für immer auf einen ihrer Abschnitte fixiert bleiben. Vergessen wir niemals: Wir erleben nicht das »Ende« der Geschichte. Auch wenn es Teil der gegenwärtigen Strategien ist, uns vom Gegenteil überzeugen zu wollen, werden wir zu Zeugen ihrer lebhaftesten Ausschläge, die jedoch keine gesellschaftlichen Krisen mehr begleiten, sondern den Wandel einer Zivilisation, die sich bislang auf Beschäftigung gründete – welche aber im Widerspruch zur heute vorherrschenden spekulativen Wirtschaft steht. Das bedeutet Arbeitslosigkeit und Formen des *Ersatzes*[2] für Arbeitsplätze, eingefrorene oder zurückgehende Löhne und Gehälter, und vor allem jene (sehr zahlreichen) Gehälter, die nur Pseudo-Gehälter darstellen, weil niemand davon leben kann. Zu alldem haben die hartnäckigen Bemühungen geführt, die Statistiken zu verbessern, nicht aber das soziale Leben, das jedes Mal auf einem noch niedrigeren Niveau neu ansetzt und sich jedes Mal noch etwas verschlechtert hat.

Anstatt sich klar von einer vergangenen Gesellschaft zu verabschieden, um eine neue zu schaffen, in der wir auf anderen Grundlagen leben, versucht jeder, ob Profiteur oder Opfer, genau dies zu vermeiden. Dadurch fällt es der Propaganda nur um so leichter, die quasi religiöse Überzeugung zu nähren, daß wir gelähmt sind, in einer ausweglosen Falle stecken, für immer inmitten einer Welt ohne Makel gefangen, die Überzeugung, daß alles bereits entschieden ist, so daß jeder Anflug von Widerstand nur auf lokale, vor allem aber unnütze Donquichotterie hinausliefe. Als könnten wir uns nur noch vergeblich ins Gefecht werfen, als Gefangene unzerstörbarer Strukturen und eines grenzenlosen Zerfalls zugleich – immer im Bewußtsein, daß es zu spät ist, wie uns unaufhörlich eingetrichtert wird. Als ob alle Auswege verschlossen wären oder in andere, noch endgültigere Sackgassen hineinführten.

Es ist eine wirkungsvolle Propaganda, denn wenn wir uns dieses Jochs, unter das geradezu der gesamte Planet gezwungen wird, auch nicht ausreichend bewußt sind, so phantasieren wir uns doch – da wir es mit getrübtem Blick betrachten – ein um so genaueres Bild von ihm – ohne es

2 Im Original deutsch.

jedoch zu analysieren – und weichen mit einem Gefühl der Ohnmacht zurück, Ohnmacht angesichts dessen, was wir uns fälschlicherweise als zu schwer, unüberwindlich und dauerhaft vorstellen.

Es ist wahr, wir erleben den Triumph des Ultraliberalismus, der vielleicht um so triumphaler ist, als er mit seinem eigenen Scheitern einhergeht – und nicht einmal das vermag ihn zu erschüttern. Ein Triumph, der um so triumphaler ist, als die durch seine Mißerfolge bedingten Verheerungen seine Arroganz noch zu nähren scheinen und zu bestätigen, daß er seine wirklichen Ziele erreicht hat, die auf diese Weise offenbart wurden.

Doch ein solcher Sieg ist niemals endgültig – und noch weniger gesichert. Wie viele Imperien und Regime, die festgemauert schienen, die sich unerschütterlich glaubten und auch so wirkten, sind schon in sich zusammengebrochen! Allerdings wurden sie als das wahrgenommen, was sie waren: politische Regime, die folglich angreifbar waren. Die Stärke des jetzt herrschenden Regimes (es ist eine Herrschaft von weltweitem Zuschnitt) liegt darin, daß es anonym, *unsichtbar* ausgeübt wird – und dadurch unantastbar ist und um so stärkeren Zwang ausübt. Wenn wir uns davon befreien wollen, ist es dringend an der Zeit, es *sichtbar zu machen.*

Wissen wir heute denn überhaupt, unter welcher Herrschaft wir in diesen Zeiten der globalisierten Einheitspolitik leben? Spüren wir, daß es ein politisches Regime ist, und wissen wir, um welche Politik es sich handelt? Fragen wir uns nicht, welche Rolle die für die Demokratie unerläßliche Vielfalt unterschiedlicher Gruppierungen noch spielen kann, wenn – immer offener – eine einzige, ständig wiederholte und keinen Widerspruch duldende Behauptung regiert (die auch nur zu diskutieren schon

Blasphemie scheint), wonach die Marktwirtschaft das einzig mögliche Gesellschaftsmodell ist?

»Es gibt keine Alternative zur Marktwirtschaft«: Ein nicht nur unsinniges, sondern künftig jeder Grundlage entbehrendes Diktum, denn hinter der Marktwirtschaft verbirgt sich eine ausschließlich spekulative Wirtschaft, welche die Marktwirtschaft verdrängt und zerstört, wie sie auch alles andere zerstört! Und selbst, wenn dem nicht so wäre, so wäre die Behauptung, es gebe nur ein einziges Gesellschaftsmodell ohne Alternative, nicht nur absurd, sondern geradezu stalinistisch – unabhängig davon, wie das vorgeschlagene Modell aussieht. Eine solche Rede ist diktatorisch, und sie definiert genau den Raum, in den wir heute eingeschlossen sind: einen Raum, der in unseren Augen von keinem politischen Regime mehr abhängt, da keines jener sogenannten »wirtschaftlichen« Souveränität widerstanden zu haben scheint, die uns davon überzeugen will, daß sie allein regiert und daß sie allein uns unter Druck setzt, da die Wirtschaft schließlich über die Politik gesiegt habe.

Doch das ist falsch. Die Wirtschaft hat nicht über die Politik triumphiert. Das Gegenteil ist wahr.

Wenn die Globalisierung so gänzlich und so zwangsläufig mit der Wirtschaft und nicht mit der Politik assoziiert scheint, so ist nicht von Wirtschaft die Rede, sondern von der Welt der Geschäfte, der Welt des *Business*, das sich selbst in Spekulation verwandelt hat.

Dagegen ist es eine bestimmte politische Richtung, der Ultraliberalismus, der auf diesem Weg – zur Stunde erfolgreich – versucht, sich jeder wirklichen wirtschaftlichen Betätigung zu entledigen, ja sogar die Bedeutung des Begriffs »Wirtschaft« zu verändern, welcher bislang mit dem Leben der Bevölkerung eng verbunden war, doch jetzt nur noch das Wettrennen um Profit bezeichnet.

Wir erleben nicht die Aneignung der Politik durch die Wirtschaft, sondern, im Gegenteil, das Ende unserer Vorstellung von Wirtschaft. Eine bestimmte Politik ersetzt sie aggressiv durch das Diktat einer Ideologie: des Ultraliberalismus.

Das offensichtliche Verschwinden der Politik hat seinen Ursprung in Wahrheit in einem übersteigerten politischen Willen, der, ganz im Gegenteil, noch eine Ausweitung dieser Aktivitäten fordert. Ein politischer Wille, ein politisches Handeln im Dienste der allmächtigen Privatwirtschaft, die unter dem züchtigen und beruhigenden Etikett der »Marktwirtschaft« einer dominanten und zunehmend rein spekulativen Wirtschaft als Schutzschild dient, die sich zur Casino-Wirtschaft entwickelt hat und den realen Aktiva gleichgültig gegenübersteht.

Eine virtuelle Wirtschaft, die keine andere Funktion hat als die, der Spekulation und ihren Profiten den Weg zu ebnen, Profiten, die aus immateriellen Produkten, aus »Derivaten« hervorgehen, bei denen mit dem gehandelt wird, was nicht existiert. Dazu gehört der Ankauf virtueller Risiken, die mit einem noch im Projektstadium befindlichen Vertrag verbunden sind, dann der Risiken, die durch den Ankauf dieser Risiken eingegangen wurden, die wiederum selbst jeweils tausenderlei weitere Risiken einschließen, die ebenfalls virtuell sind und ihrerseits Gegenstand weiterer, ebenfalls virtueller Spekulationen sind – von Wetten und weiteren Wetten auf diese Wetten, die zu den »wirklichen« Objekten der Märkte geworden sind …

Zu derlei unkontrollierbaren Spielen führt die gegenwärtige Wirtschaft, eine angebliche »Marktwirtschaft«: zur Spekulation auf die Spekulation, auf »Derivate«, die selbst wiederum aus anderen Derivaten hervorgegangen sind, und auf lebenswichtige Kapitalströme; zur Spekulation auf die mutmaßlichen Veränderungen der Wechselkurse, auf manipulierte, verfälschte Kreisläufe wie noch auf viele weitere Derivate, die ebenso künstlich sind. Eine anarchische, mafiose Wirtschaft, die sich mit Hilfe eines Alibis – der »Wettbewerbsfähigkeit« – verbreitet und einnistet. Eine Pseudo-Wirtschaft, gegründet auf Produkte ohne Realität, die sie nach den Bedürfnissen des spekulativen Spiels erfindet, das selbst von jeglichen realen Aktiva, von jeglicher faßbaren Produktion abgespalten ist. Eine hysterische, wirkungslose Wirtschaft, auf Luft gegründet, Lichtjahre von der Gesellschaft und damit von der realen Wirtschaft entfernt, denn diese existiert nur im Bezug auf die Gesellschaft und hat nur Sinn, wenn sie mit dem Leben der Menschen verbunden ist.

Ein Beispiel für eine solche Verdrängung der wahren Wirtschaft und für diese anmaßende Ineffizienz: das so sehr gerühmte, immer wieder als unbestreitbare Rechtfertigung des Ultraliberalismus zitierte triumphale »asiatische Wunder« – und sein Scheitern, die brutale Metamorphose des Wunders in ein Fiasko.

Ein inzwischen klassisches Szenario: Man will ein Wirtschaftssystem exportiert haben, allerdings ohne Ansehen der Bevölkerungen auf beiden Seiten und unter alleiniger Berücksichtigung des Profits. So kam es in ganz ungeeigneten Regionen zur brutalen, quasi kolonisatorischen Ansiedlung von Märkten, die nach almosenhaften Lohnkosten verlangen, nach dem Wegfall jedes »Schutzes der Arbeit« und überhaupt jeder Form des sozialen Schutzes, welche als »rückständig« angesehen werden; Märkte, die nach jener von den Anhängern des Liberalismus so gepriesenen »Freiheit« verlangen; einer »Freiheit«, die es ermöglicht, die Freiheit der anderen abzuschaffen, indem man einigen wenigen alle Rechte über die große Masse gibt. Eine »Freiheit«, die in manchen Gegenden des Globus erlaubt, was der als »rückständig« bezeichnete soziale Fortschritt anderswo verbietet.

Das Ergebnis: rasante Profite in Rekordzeit und – ebenfalls in Rekordzeit – der absolute Zusammenbruch, der jämmerliche Untergang jener asiatischen Apotheose, dieses Modells des liberalen Traums. Es bleiben gigantische, anmaßende und leere Riesenstädte, die dort nicht hinpassen, sowie das gesteigerte Elend der jeweiligen Bevölkerung, während die heldischen Kämpfer dieses Epos – unfähig, das Desaster zu kontrollieren oder es auch nur zu verstehen, und gleichgültig gegenüber den Menschen, die geopfert werden – sich einzig darum sorgen, Finanzkurse mit ihren unkontrollierbaren Launen zurechtzuflicken. Und die kümmerlichen Überbleibsel dieser verramschten Länder entweder zurückzulassen oder billig aufzukaufen.

Wieder einmal hat der Ultraliberalismus hier so getan, als betriebe er Wirtschaft, und hat nur Geschäfte gemacht. Er hat so getan, als machte er Geschäfte, und hat nur spekuliert.

Die Konsequenzen – sie waren vorauszusehen – sind bekannt.

Aber wir verwechseln nicht nur die Wirtschaft mit den Vorgängen des *Business* oder das *Business* mit der Spekulation oder auch die Globalisierung mit ihrer Steuerung durch den Ultraliberalismus: Wir verwechseln die Abschaffung der Wirtschaft mit jener der Politik. Vor allem verwechseln wir politische Macht mit wirtschaftlicher Stärke. Dabei übersehen wir die Tatsache, daß, wenn letztere erstere ausschaltet, dies nicht bedeutet, daß erstere verschwunden wäre, sondern daß letztere sie sich einverleibt hat und an ihrer Stelle regiert. Dabei sorgt sie sich nicht um die reale Ökonomie, sondern nur um verrückt spielende Finanzströme.

Was ist die Wirtschaft? Die Organisation oder Verteilung der Produktion im Hinblick auf die Bevölkerung, unter Berücksichtigung ihres Wohlbefindens? Oder die Ausnutzung bzw. das Abservieren der Menschen mit Blick auf anarchische finanzielle Fluktuationen, die in keinerlei Verbindung zu ihnen stehen, sondern zum Nachteil der Menschen ausschließlich auf den Profit ausgerichtet sind? Befinden wir uns hier in einer richtigen Wirtschaft oder – im Gegenteil – in deren Negation?

Bei solchen Verwirrungen, bei solchen Täuschungen auch kann sich (unbemerkt, darauf verwendet sie viel Sorgfalt) eine Politik entfalten, die andere politische Strategien zerstört und die, nachdem sie diese alle ausgeschaltet und sich an ihre Stelle gesetzt hat, so tun kann, als gäbe es keine andere mehr, nicht einmal die, die sie selbst verkörpert und die jetzt herrscht, eine einheitliche und verdeckte, die keine Opposition fürchten muß.

Die Politik dergestalt auszuschalten, zeugt von einer gesteigerten politischen Entschlossenheit, die sich nur durch politisches Handeln im Sinne der erbitterten Propaganda durchsetzen kann, mit dem Ziel eines Einheitsregimes, also eines totalitären Regimes, das über ein politisches Vakuum herrscht. Jegliche Form von Politik wird dadurch in die Unterwerfung unter vollendete (oder als solche ausgegebene) Tatsachen eingebunden, die auf diese Weise zum gar nicht mehr genannten, als selbstverständlich unterstellten Ausgangspunkt jeglicher Maßnahme, jeglichen Engagements, jeglicher Initiative, kurz, des gesamten Räderwerks werden.

Wir sehen jetzt Konturen eines autoritären Regimes, das in der Lage ist, Zwänge aufzuerlegen, die durch seine Finanzmacht gefordert und ermöglicht werden, ohne dabei einen Apparat hervorzubringen oder auch nur die geringsten Auswirkungen, hinter denen man das despotische System vermuten könnte, das eingeführt wurde, um seine herrische Ideologie zu verbreiten. Eine Politik, die sich auf »Realismus« beruft, während sie zugleich der Realität gegenüber verblüffend gleichgültig ist.

Eine Einheitspolitik, die zur Trennung von der Demokratie durchaus bereit ist, die aber jetzt schon mächtig genug ist, um an dieser Trennung gar kein Interesse zu haben. Wollen wir sagen: eine Politik? Eher ist es ein neues Regime, das sich hinter angeblichen wirtschaftlichen »Sachzwängen« verbirgt und das von der Gesellschaft um so weniger wahrgenommen wird, als diese sich noch immer im allgemeinen Klima, vor der Kulisse und innerhalb der Strukturen der Demokratie bewegt und wahrnimmt. Das ist nicht wenig, im Gegenteil, und muß um jeden Preis bewahrt werden, solange noch Zeit ist, um uns von jenem Regime zu befreien, von jener seltsamen Diktatur, die glaubt, sich den Luxus eines demokratischen Rahmens zu erlauben, mächtig wie sie ist.

Das Dringlichste? Sich aus dem Halseisen der Propaganda befreien. Die Geduld haben, die falschen Fragen, welche die wahren Probleme kaschieren, aufzuspüren. Es ablehnen, sich mit den überholten Fakten zu beschäftigen – unter der Aufsicht von Leuten, die das ausnutzen und die sie auf den Tisch bringen – und auf diese Weise das Spiel mitzuspielen, das man eigentlich bekämpft; und nicht aus dem Wunsch, schnell und um jeden Preis Lösungen zu finden, in die Falle tappen und die vom Gegner vorgesehenen und diktierten Lösungen übernehmen.

Priorität hat also die Weigerung, sich von jenen verfälschten, endlos wiedergekäuten Fragen faszinieren zu lassen, welche die Wirklichkeit verschleiern – und allererste Priorität hat die Tatsache, daß es bereits problematisch ist, diese Fragen für berechtigt und für die einzig berechtigten zu halten. Manchmal wird dadurch sogar das eigentliche Problem erzeugt.

Wer in Unkenntnis der wahren Probleme lebt, läßt keine andere Möglichkeit zu, als sie auf genau die Weise zu erleiden, die jene bestimmt haben, die sie geschaffen haben und sich auf diese Weise ihres Weiterbestehens versichern. Wir diskutieren und mühen uns auf der Basis verfälschter, weitschweifiger Darstellungen, die von Leuten aufgebracht wurden, die ein Interesse daran haben, die Ursprünge der Situation unsichtbar zu machen und sie durch ihre eigenen postulierten Schlußfolgerungen zu ersetzen. So daß wir jetzt auf der Basis dieser Postulate Probleme abhandeln, die längst hinfällig sind. Eines dieser Postulate, ganz ohne Zweifel das wichtigste, dekretiert den Vorrang des Profits; dessen Vormachtstellung scheint sich derart von selbst zu verstehen, daß er, der stets maßgebliche, niemals erwähnt wird. Von ihm ist keine Rede mehr, aber bei jeder Äußerung und jeder Gelegenheit müssen die Bedingungen geschaffen werden, die ihn begünstigen; sie werden als unerläßlich für andere Anliegen ausgegeben, für genau jene nämlich, die sich durch diese Bedingungen verschlechtern, wie etwa der Arbeitsmarkt.

Jedes Problem, das der Profit verursacht, wird gelöst, indem man vom Dogma seiner Notwendigkeit und von der Behauptung ausgeht, daß die Gesamtheit der Menschen von ihm abhängig ist, daß sie von den maßlosen Profiten (die faktisch an einige wenige gehen) profitiert, daß sie ohne diese ihren Ruin erleben würde. Man kann sich vorstellen, welcher hinterhältigen und anhaltenden Propagandaarbeit es bedarf, derlei konditionierte Reflexe zu schaffen und in uns allen zu verankern! Der Profit selbst wird nie offen genannt, es sei denn in einer altruistischen Rolle, als rettende Vorsehung (zum Schutze jener, die er in Wahrheit zugrunde richtet). Er wird niemals diskutiert, niemals in Frage gestellt, im Gegenteil: Alle Kräfte werden zu seinen Gunsten mobilisiert, ihm voll und ganz dienstbar gemacht.

Wir sind gefesselt von diesen unausgesprochenen Zusammenhängen, leben in einer Politik, die mit dieser alles beherrschenden, unausgesprochen hingenommenen Voraussetzung aufs engste verbunden ist und mit Argumentationen arbeitet, die um so schwerer anzugehen sind, als sie sich wieder daraus ergeben und nicht mehr bewiesen werden müssen. Da die Ursache der Probleme auf diese Weise geschickt ausgespart wird, gewahren wir nur ihre Konsequenzen, nämlich die, gegen die wir protestieren; die Konsequenzen werden zu unseren einzigen Bezugsgrößen und damit auch die berühmten »vollendeten Tatsachen«, an denen wir bestenfalls noch die Art ihres Funktionierens kritisieren können. Wer diese Konsequenzen beklagt, muß sie für bedauerlich, aber unvermeidlich halten, da sie von jener unausgesprochenen Voraussetzung herrühren, die als endgültig und unerschütterlich angesehen wird. Geradezu als heilig.

Die ursprünglich gestellten Fragen weichen solchen, die genau von jener Politik diktiert werden, die man in Frage stellen wollte; sie beschränken sich jetzt auf den Bereich, für den es keine andere Lösung gibt als das fortzusetzen (und häufig noch zu verschärfen), was Probleme hervorgerufen hat, die sich gar nicht gestellt hatten und denen man sich jetzt nur anpassen kann – womit man sich dazu verurteilt, passiv zu bleiben.

Sich anpassen: Das ist die Generalanweisung! Sich wieder und wieder (und für immer) anpassen. Sich den gegebenen Tatsachen, den wirtschaftlichen Sachzwängen, den Konsequenzen dieser Sachzwänge anpassen, als ob die Konjunktur an sich schicksalhaft wäre, die Geschichte abgeschlossen und die Epoche endgültig erstarrt. Sich der Marktwirtschaft anpassen, das meint eigentlich: der Spekulationswirtschaft. Sich den Folgen der Arbeitslosigkeit anpassen, das bedeutet übersetzt: ihrer schamlosen Ausbeutung. Sich der Globalisierung anpassen heißt mit anderen Worten: der ultraliberalen Politik, die sie steuert. Sich der Wettbewerbsfähigkeit anpassen bedeutet: der Opferung aller mit dem Ziel, einen Ausbeuter den Sieg über einen anderen Ausbeuter davontragen zu lassen, beide

Spieler desselben Spiels. Sich dem Kampf gegen die öffentlichen Defizite anpassen bedeutet: der systematischen Zerstörung der wesentlichen Infrastrukturen und sozialen Errungenschaften. Sich den geradezu aufrührerischen wirtschaftlichen Deregulierungen anpassen, Elementen einer reaktionären und regressiven Revolution – die sich aber in aller Ruhe, mit offizieller Duldung, wenn nicht sogar Ermunterung ausgebreitet haben, während sie doch jegliches Gesetz aufheben, das der spekulativen Willkür Grenzen setzt; während sie doch ungestraft gegen Gesetze verstoßen, welche geschaffen waren, um die Ungerechtigkeit in Schranken zu halten und ohne die die Tyrannei triumphiert. Sich dem Zynismus der zulässigen mafiosen Verhaltensweisen anpassen, die schon mehr als vertraut geworden sind: nämlich traditionell. Sich so der Produktionsverlagerung, der Kapitalflucht, den Steueroasen, der anarchischen Deregulierung, den menschenverachtenden Fusionen, der kriminellen Spekulation anpassen, die hingenommen werden, als ob sie Naturgesetzen gehorchten, gegen die sich aufzulehnen nutzlos wäre. Sich selbstverständlich der Arroganz der Dummheit, ihren göttlichen Hoheitsrechten anpassen … Mehrere Seiten würden nicht ausreichen, diese Liste zu vervollständigen.

Sich in Wahrheit jenem dumpfen Klima der Repression anpassen, in dem man nur kämpfen kann, wenn man auf das verzichtet, wofür man kämpft, auf das, was an dessen Ursprung steht und was sich durch einen Taschenspielertrick zum allgemeinen Ziel gewandelt zu haben scheint, zum Hauptpostulat, das im Hintergrund bleibt, aber implizit als wünschenswert und legitim gilt – auf jeden Fall aber als unumgänglich. Dann bleibt nur noch, die Antworten hinzunehmen, die uns von jenen, die sich weigern, Fragen zuzulassen, eingehämmert werden.

Der Profit, zentrales Kriterium jeglicher Kritik des gegenwärtigen Systems, wird ständig ausgespart, er wird so energisch vergessen, daß er niemals erwähnt wird, daß selbst dieses Verschwindenlassen unbemerkt erfolgt. Diese Kritik, dieser so wichtige Prozeß gegen den Profit, wird also nie in die Wege geleitet, ja nicht einmal in Aussicht genommen. Man kann vom Profit sagen, daß er nicht nur verschleiert, sondern regelrecht aus dem Bewußtsein verdrängt wird. Man kann auch sagen, daß er, wie *Der stibitzte Brief* von Edgar Allen Poe, wohl zu offensichtlich, zu deutlich sichtbar ist, um wahrgenommen zu werden – um so leichter kann er der unerkannte, unbewußt hingenommene und auf zynische Weise akzeptierte Kern der Situation bleiben.

Er ist das Prinzip selbst, auf dessen Basis, um das herum und zugunsten dessen das gesamte gegenwärtige System funktioniert, ohne daß man sich je darauf berufen, erst recht, ohne daß man es je in Frage gestellt hätte. Es geht also nicht mehr darum, sich der gegenwärtigen historischen Situation zu stellen, die der Profit beschleunigt und – als ihr unsichtbarer, heiliger Kern – beherrscht, sondern sich mit den Methoden zu arrangieren, die von dieser Situation zu seinen Gunsten profitieren: zum Profit des Profits. Es geht nur noch darum, sich mit dem erdumspannenden Regime abzufinden, das sich ununterbrochen um diesen offiziell als vorrangig anerkannten, mit allen Rechten ausgestatteten sowie über alles Weltgeschehen erhabenen Profit anordnet.

Von einer kleinen Gruppe abgesehen, fällt es wohl den meisten Menschen schwer, sich vorzustellen, daß der Profit, dieser klägliche, erbärmliche Faktor – jedenfalls in der Form, wie er erzeugt wird –, zum (nach der Vorstellung seiner Anhänger einzigen) Motor des Wunders der menschlichen Existenz geworden ist. Bei näherer Überlegung erscheint dieser Gedanke lächerlich, zu kindisch, um wahr zu sein. Nichts jedoch ist wirklicher. Es ist genau dieser Drogeneffekt, dieses Suchtgefühl, dieses alberne persönliche Geltungsbedürfnis, das Wettrennen um immer virtuellere Besitztümer, es ist diese besessene, auf alles Überflüssige zielende Gier, was den Sinn unzähliger Leben zerstört und jenes unsägliche Leiden schafft, das die Schicksale entstellt und ruiniert, Schicksale, von denen jedes einzelne von einem Individuum, einem einzigartigen Bewußtsein, durchlebt wird.

Es herrscht also eine fixe Idee, aus einer atavistischen Regung hervorgegangen, die auf den Besitz, auf die Anhäufung von Gütern ausgerichtet war, heute aber fehlgeleitet ist, denn sie strebt nicht wie früher nach greifbaren Besitztümern, nach Vorgängen auf der Basis realer oder zumindest symbolischer Aktiva, sondern zielt auf die virtuellen Schwankungen der Spekulation und jener irrsinnigen Wetten.

Heute beruht Reichtum nicht mehr auf dem Besitz von mit Händen zu greifenden Werten wie Gold oder auch Geld[3]: Er hat eine andere Richtung genommen, ist

3 Auch das faßbare, sichtbare Geld ist dabei zu verschwinden. Bald sehen wir es nur noch in den Almosenschalen der Bettler. Die Größe der Kreditkarten bleibt gleich, unabhängig von der Höhe der Summen, die durch sie hindurchfließen. Die Menge ist nicht mehr sichtbar, genausowenig das Gewicht. Was ist aus der Geldkassette von Harpagon geworden? Heute würde er seinen PC nicht mehr aus den Augen lassen. Aber würde er ebensoviel Genuß daraus ziehen? Vielleicht sogar noch mehr. Doch es wäre eine andere Art von Genuß – wenn auch seine neuen spekulativen Manien keineswegs produktiver wären als das Gold, das früher seine Kassette füllte.

heute unbeständig, immateriell und bewegt sich – abstrakt und verstohlen – im Umfeld spekulativer Transaktionen und inmitten ihrer Flüchtigkeit. Er entspringt sehr viel stärker dem spekulativen Auf und Ab selbst als den Gegenständen der Spekulation. Diese Gier, vom Rausch der Virtualität immer weiter entfacht, ist es, was das Verschlingen von allen und allem durch einige wenige verursacht – sie will universell, autonom und frei von jeglicher Kontrolle sein, und dabei kann sie sich nicht einmal selbst beherrschen.

Es ist diese dumpfe, zu wahnsinnigen Operationen führende Obsession, die das Schicksal des Planeten lenken möchte und die dieses Schicksal bedroht. Ein rohes, primäres, unsinniges Verlangen, weniger den Besitz zu genießen als den Besitzerinstinkt – zum Schaden von allem, was sich ihm in den Weg stellt oder ihn zu begrenzen droht.

Die Diktatur des Profits, die zu anderen Formen der Diktatur führt, verbreitet sich mit beunruhigender Leichtigkeit. Ihre Mittel sind von solcher Schlichtheit! Das unentbehrlichste unter ihnen, die Heimlichkeit, ist ihr von vornherein zugebilligt: Selbst wenn der Profit der Schlüssel zu allem und allgegenwärtig ist, so wird seine Allgegenwart offiziell immer ignoriert. So außer Zweifel steht, daß sie definitiv ist und im Grunde ganz gewöhnlich, daß darauf noch anzuspielen überflüssig scheint, daß es vor allem aber für beschränkt, rückständig, äußerst töricht und plump und geradezu vorsintflutlich marxistisch gehalten würde.

Das Recht auf Profit, immer im Hintergrund präsent, wird stillschweigend als selbstverständlich vorausgesetzt: als absolut, unwiderlegbar, im Grunde ein göttliches Recht. Während dieser Profit, noch immer in der Rolle der unerläßlichen Quelle des Überflusses und der Beschäftigung – der einzigen, die er akzeptiert –, nur der Pflicht zu genügen, besser noch, nur in aller Stille bescheidene Opfer zu bringen scheint. Diejenigen, die derart selbstlos von ihm profitieren, sind scheu, sie bleiben anonym und wachen darüber, niemals genannt zu werden. Größte Diskretion umgibt sie, während im Gegenzug die schamlosen Wichtigtuer, die berüchtigten Schnorrer als die wahren Profiteure angeklagt und angeprangert werden: die Angestellten des öffentlichen Dienstes und ihre skandalösen Privilegien oder auch die Arbeitslosen, jene Nichtstuer, die Blutsauger der Nation, die Schande aller Statistiken, die den arbeitsamen Bürger verhöhnen und sich auf Staatskosten in der Sicherheit ihrer Beihilfen suhlen. Neben den Einwanderern, die uns das Fell abziehen, werden kaum weitere Nutznießer des Profits benannt, der übrigens gar nicht mehr auf den Namen »Profit« hört, noch weniger auf »Gewinn«, sondern auf die Bezeichnung »Wertschöpfung«.

Da sind sie also, die berühmten »Wertschöpfungen«, die angeblich ihre Schätze ohne weiteres der gesamten Menschheit zuführen. Mit welcher Befriedigung, welcher Dankbarkeit, welchem Respekt wird von ihnen gesprochen, von jenen Wundern, die dank ihrer »Schöpfer« erschienen sind, der Führer der Privatwirtschaft, die sich plötzlich in wahre Zauberer verwandelt haben! Man denkt an den Zauberstab der Fee, an die Höhle von Ali Baba. Um was für Schöpfungen, um was für Werte handelt es sich? Um eine Bereicherung der Menschheit? Um wissenschaftliche, gesellschaftliche Fortschritte, gewaltige Werke? Um wesentliche Dinge, kostbare Gegenstände oder solche von großem Nutzen? Nein, sondern um Gewinne, die aus einer als rentabel angesehenen Produktion gezogen wurden. Um nichts anderes. Reale »Werte«, die aber allein die »Unternehmer« und ihre Aktionäre bereichern. »Profitschöpfungen« wäre angemessener.

Schlagen sich diese Profite wenigstens in mehr Beschäftigung nieder? Werden diese »Werte« verteilt? Das wird doch unaufhörlich und spektakulär verkündet. Aber diese Bestimmung derartiger Gelder ist gründlich überholt: Die Unternehmen mit den größten Gewinnen entlassen munter drauflos; ihre Entscheidungsträger haben einen unwiderstehlichen Hang zur Senkung der Arbeitskosten. Warum in Beschäftigung investieren, entlassen bietet viel mehr Vorteile! Wir haben es gesehen, die Börse liebt das. Und was sie liebt, ist Gesetz.

Folglich gewinnt die Spekulation, versteckt, aber von den Märkten gehegt, die Oberhand. Wir haben gesehen, daß sich auf der Grundlage dieser »Wertschöpfungen« oder allein durch die Aussicht darauf tausend und eine wahnsinnige Spekulation entwickeln können, die für keine andere Produktion als die von eingebildeten, verrückten Kreisläufen, abgelöst von der Gesellschaft und jedem nicht-neofinanziellen »Wert«, Interesse zeigt. Es sind ebenso virtuelle wie flüchtige »Wertschöpfungen«, Spekulationen oder eher unsinnige Wetten, die die Grundlage für das bilden, was man weiterhin für die Wirtschaft hält, die immer als »Marktwirtschaft« bezeichnet wird – die in Wahrheit aber eine Pseudo-Wirtschaft ist, die Galaxien von der Sphäre der materiellen oder der geistigen Wertschöpfung entfernt liegt, von einem Reichtum, den Menschen brauchen und von dem sie zu Recht träumen.

Wenn diese virtuellen Reichtümer immer weniger menschliche Arbeit erfordern, immer weniger aus realen Vermögenswerten hervorgehen und immer weniger in diese investiert werden, so stehen ihre »Schöpfer«, die

Entscheidungsträger der Privatwirtschaft oder die Spekulanten (häufig sind sie identisch), doch nicht weniger im Ruf, zum Wohle aller sagenhafte Schätze entstehen zu lassen, die vermeintlich einen wahren Segen (im Sinne von Arbeitsplätzen) bedeuten und wie ein mächtiger Strom die Unternehmen nähren. Staatliche Vertreter aller Seiten aus allen Ländern feiern diese Wohltäter als die »dynamischen Kräfte der Nation«, als die einzigen, die »Dynamik«, »Mut« und »Phantasie« inmitten einer satten und zufriedenen Bevölkerung an den Tag legen, die sich auf der Sicherheit ihrer Sozialhilfe, ihres Arbeitslosengeldes, ihrer Dumping-Löhne ausruht, während unsere furchtlosen »dynamischen Kräfte« es allein »wagen«, »Risiken einzugehen«.

Welche Risiken denn? könnten bösartige Geister versucht sein zu fragen. Das Risiko, noch kolossalere Gewinne zu erzielen? Oder womöglich gar – wir erzittern! – ein bißchen weniger kolossale? Aber vergessen wir nicht die Risiken, die diese Perlen der Nation eingehen, wenn sie ihre Unternehmen vom Territorium ihres Staates verlagern oder ihr Kapital in ferne Länder transferieren!

Vergessen wir auch nicht das Risiko, das Schicksal der meisten anderen Lebewesen der Erde zu verderben und ihr Leben zu beschädigen, ihnen Sorge und Demütigung aufzubürden – ein Risiko, das gelegentlich sogar so weit geht, daß man diese anderen Wesen im wörtlichen Sinne auf die Straße wirft oder sie damit bedroht. Vergessen wir schließlich nicht das mit demselben schöpferischen Elan eingegangene Risiko, das allgemeine Elend zu vergrößern und die Hölle auf Erden zu schaffen. Aber all dies sind Herausforderungen, vor denen unsere schöpfungsfreudigen Kreuzritter niemals weichen würden. Sie halten sich fest im Sattel …

Gelobt seien sie, die Ritter des Wettbewerbs, die Kämpen der Selbstregulierung, der Deregulierung, deren Kompetenz wir nur täglich preisen können! Die dankbare Nation ihren »dynamischen Kräften« …

Profit? Sagten Sie Profit?

So müssen die Heimlichkeit des Profits, seine Herrschaft, seine Berechtigung nicht mehr begründet werden: Das ist von vornherein abgemacht, geregelt und wird auch von vornherein verschwiegen. Der überall unsichtbar präsente Profit ist doch überall unausgesprochen, wird überall ignoriert, operiert dabei aber im Zentrum aller Dinge – und ohne daß irgendeine bewußte Zustimmung dazu ausgesprochen würde oder auch nur erforderlich wäre. Er ist beherrschend wie ein heiliges Prinzip und regiert – nie benannt – als die Existenzberechtigung der Ideologie, die das Regime und dessen Obsessionen stützt.

Ein Beispiel für diese Obsessionen ist die Frage der Wettbewerbsfähigkeit. Unter den Behauptungen, die wie hieb- und stichfeste Argumente und in keinen Widerspruch duldendem Ton geäußert werden – in der Gewißheit, auf allgemeine, fraglose Zustimmung zu stoßen, da ihre Konsequenzen niemals überprüft werden –, ist sie eine der am häufigsten, und auch am unbekümmertsten ins Feld geführten, denn Existenz, Einfluß und vermeintliche Konsequenzen dieser Wettbewerbsfähigkeit sind seit langer Zeit anerkannt.

»Die Wettbewerbsfähigkeit erfordert …«, »Die Erhaltung der Wettbewerbsfähigkeit erlaubt nicht …«. Wie viele Entlassungen, Produktionsverlagerungen, abgesenkte oder eingefrorene Löhne, Personalbestandsreduzierungen, welche Verwüstungen der Arbeitsbedingungen, wie viele verhängnisvolle und perverse Entscheidungen sind nicht damit scheinbar gerechtfertigt worden! Und stets nur betrübte Stimmen, die ihr Bedauern darüber ausdrücken, diese radikalen Entscheidungen fällen zu müssen, die leider, leider die Sicherung der Wettbewerbsfähigkeit erfordert.

Was aber bedeutet dieses Wort eigentlich? Die Frage ist nie gestellt worden. Wer ist im Wettbewerb? Um welche Kämpfe handelt es sich? Um welche Rivalitäten? Worum geht es dabei? Wie stark, wie notwendig ist sie eigentlich, daß sie eine derartige Autorität besitzt, daß sie zugleich als schicksalhaft, unvermeidlich und als Schlüsselfaktor für die Marktwirtschaft ausgegeben werden kann, die wiederum als unerläßlicher Beweis der Demokratie angeführt und auch beansprucht wird? Welche Eigenschaft bewirkt, daß ihre von vornherein als beherrschend angesehene Rolle nie ausdrücklich benannt, nie analysiert wird, so daß die alleinige Nennung dieses Begriffs »Wettbewerbsfähigkeit« ausreicht, jede Diskussion, jede Infragestellung zu verhindern oder zu beenden? So daß alles ausschließlich in Abhängigkeit von ihr geplant, organisiert oder reformiert wird, ohne daß je die Rede davon wäre, sie selbst in Frage zu stellen? So daß wir im unklaren bleiben und das auch ganz normal finden und die Wettbewerbsfähigkeit schließlich mechanisch als Selbstzweck hinnehmen, als ein Gebilde, demgegenüber es keinerlei andere mögliche Reaktionen gibt, als sich ihrer Erhaltung zu unterwerfen? So daß am Ende die nächste Gewißheit auf der Hand liegt – nicht als Angebot, sondern als Gebot: Es ist zwingend notwendig, der eigenen Opferung zuzustimmen. Aber fragen wir noch einmal: warum und wozu? Mit welchem Ziel?

Eine Titanenschlacht scheint hier im Gange zu sein, ein gigantischer Malstrom der Unternehmen und Länder, die gegeneinander kämpfen, aber um was? Um patriotische Interessen oder Gefühle? Keineswegs: Die besagten Unternehmen sind zumeist Teile transnationaler Gesellschaften, manchmal gehören sie zu Gruppen desselben Landes, die dennoch wiederum einer größeren multinationalen Gruppe angehören und untereinander rivalisieren. Es kann sich auch um rivalisierende Gesellschaften innerhalb derselben Gruppe handeln. Die Art der Rivalität unter den Wettbewerbern wird übrigens kaum je näher benannt oder kommentiert: Jedes Mal wird ein einziges Unternehmen herausgestellt, nämlich dasjenige, das die dem allgemeinen Interesse entgegenstehenden, aber für die Sicherung der Wettbewerbsfähigkeit unerläßlichen Maßnahmen ergreifen muß. Wenn es darum geht, umfassende politische Maßnahmen unter dem Vorwand der Erhaltung der Wettbewerbsfähigkeit zu verkünden und in die Wege zu leiten, so wird kein Unternehmen genannt, keinerlei Information über das, worum es geht, preisgegeben: Die Autorität des Begriffs reicht aus. Die fraglichen Gesellschaften verlieren sich dann in perfekter Wolkigkeit, und mangelnde Präzision wetteifert mit Intransparenz.

Geht es also vielleicht darum, die Bedingungen der menschlichen Existenz zu verbessern, sie zu stimulieren, vor allem die der Beschäftigung? Auch nicht. Das verbissene Opfern von Arbeitsplätzen erfolgt sehr häufig im Namen der Wettbewerbsfähigkeit, die willig den Vorwand für die Zerstörung sozialer Errungenschaften, für die Verschlechterung der Arbeitsbedingungen, für die Schließung von Betrieben und für die Zunahme, Fortführung und Intensivierung anderer negativer Maßnahmen liefert.

Geschieht es also, um mit dieser lästigen Wettbewerbsfähigkeit, deren Sicherung vielleicht nur eine einfache

Phase, eine vorübergehende Krise darstellt, Schluß zu machen und sie überhaupt zu überwinden? Soll man sie opfern, um sie zu besänftigen, sie außer Kraft zu setzen? Soll man systematisch einer der rivalisierenden Gesellschaften zum Sieg verhelfen, um diese sinnlosen Rivalitäten ein für allemal zu beseitigen? Muß man erst erleben, wie sie alle zu einer einzigen fusionieren? Denn darum geht es! – und das ist die zentrale Frage: Wie soll man entscheiden, wer unter den Wettbewerbern der »Böse« ist, wenn man nicht selbst zu den Konkurrenten gehört? Und muß man dann den anderen »gut« finden? Wie soll man entscheiden, wer zu verteidigen ist, und wissen, welchem Lager man sich anschließen soll? Welchem scheint oder versucht jeder einzelne von uns anzugehören? Welche Seite ist die richtige für uns, wenn der Wettbewerb eine solche Rolle für das Geschick eines jeden spielt, aber gar nicht unter uns stattfindet? Werden diese Fragen je berücksichtigt? Über welche Informationen verfügen wir, um Antworten darauf zu finden? Werden die Namen, die Besonderheiten der Wettbewerber je erwähnt oder verglichen? Und die Unterschiede zwischen ihnen? Kurz, liefert man uns die Information, die eine Wahl erlauben oder einzelne Entscheidungen rechtfertigen würde?

Nein, denn es geht nicht um Wettbewerbsfähigkeit, sondern um *die* Wettbewerbsfähigkeit, ein ganz und gar selbstbezügliches Treiben. Die Wettbewerber sind gesichtslos, die Lager austauschbar. Ihr gegenseitiges Überbieten scheint sie eher zu verbinden; sie bilden untereinander eine Kaste. Die Ergebnisse ihrer Kämpfe haben nur auf ihre eigenen Interessen Einfluß, nur auf ihre privaten Wirtschaftskreisläufe. Wenn es verschiedene Lager geben soll, so gehört die Gesamtbevölkerung jedenfalls zu keinem, sie ist ihnen fremd, wie sie auch jener Wettbewerbsfähigkeit fremd ist, unter der sie leidet und deren Ziele ihr in Wahrheit feindlich sind. Die Wettbewerbsfähigkeit gilt unter Vertrauten, unter privaten Mächten, *unter sich* und im gemeinsamen Interesse der Rivalen. Sie bleibt ohne Verbindung zum Publikum, für das sie ohne Konsequenzen wäre, wenn die Kämpfer solcher Turniere diese nicht benutzten, um gegen das Publikum vorzugehen.

Aber, so wird man einwenden, haben diese Turniere nicht Konsequenzen für die allgemeine Wirtschaft, von der die Arbeitsplätze abhängen? Ja, die Pseudo-Wirtschaft steht auf dem Spiel, aber sie ist nicht mehr die Henne, die goldene Eier legt, die normale, fruchtbare Quelle der Beschäftigung, die von ihrem Wachstum abhängt. Wir haben es gesehen: Ihre Philosophie des Profits bringt sie im Gegenteil dazu, um so mehr Arbeitsplätze zu streichen, je mehr sie blüht. Blicken wir der Tatsache ins Auge, daß diese Arbeitsplätze für sie nicht mehr so unerläßlich sind wie noch vor kurzem, nicht einmal nützlich oder notwendig. Schlimmer noch, die Anwärter stören. Die verbleibenden Arbeitsplätze aber werden den glücklichen Gewinnern wie Manna gewährt, oder wie ein Almosen für Notleidende, wie eine Hoffnung, die sie das Inakzeptable akzeptieren läßt und sie ausgeliefert, unterworfen, ausbeutbar in ihrer Gewalt hält. Und sie betteln um Ausbeutung.

Unterbezahlte, »flexibel« gestaltete, in unsichere Tätigkeiten aufgesplitterte und in andere Länder verlagerte Arbeitsplätze: Sie sind ein Gral, der vorzugsweise den Fügsamsten angeboten wird, etwa den Bewohnern jener Länder, in denen man – noch immer erlaubterweise – mittelalterliche, barbarische Lebensbedingungen beobachten kann, Bedingungen, die von unseren Unternehmensführern erhalten und als vernünftig angesehen werden. Vor lauter Barmherzigkeit lassen sie in weit entfernten Regionen Kinder für sich arbeiten. Teure (aber nicht kostspielige) blonde Köpfchen, häufiger noch dunkelhaarige (hier wird einmal niemand rassistisch ausgegrenzt – eher einbezogen!), aus deren Arbeit sie in Regionen Nutzen ziehen, wo man unser lächerliches Getue nicht kennt, diese überholten Vorbehalte gegen die Kinderarbeit; eine wahrlich rückständige Sorge, mit der die »dynamischen Kräfte«, die Vorkämpfer der Modernität, sich nicht belasten! Eine Avantgarde, die Gebräuche praktiziert, die aus dem Mittelalter stammen, und die sich bisweilen kühn bis ins 19. Jahrhundert wagt, jedoch alle, die sich einmischen und derlei Rückschritte verurteilen, der Rückständigkeit beschuldigt!

Denn worüber beklagen wir uns? Über Beschäftigungsmangel? Das ist ein Scherz! Zweihundertfünfzig Millionen Kinder müssen arbeiten, gebeugt unter schweren Lasten, sie erblinden beim Teppichweben mit kaum erkennbaren Fäden, zwängen sich in die schmalen Stollen von Bergwerken, müssen sich prostituieren. Sie sind erschöpft, von Armut gezeichnet. Wir empören uns bequem in unseren Sesseln, wenn wir auf unseren Bildschirmen das grauenhafte Leben von Kindern unserer Zeit sehen, denen die Kindheit geraubt wurde und die aufgegeben haben – ihr späteres Erwachsenenleben kann diese sinnlose Ungerechtigkeit nur verlängern (übrigens ein ausgezeichnetes Schauspiel, das den Zuschauer im Innersten erschüttert, bevor er sich die nächste Quiz- oder Unterhaltungssendung ansieht).

Solche Zwangsarbeit ist *ebenfalls* das Ergebnis von Entscheidungen, die die Entscheidungsträger privater Unternehmen getroffen haben. »Wettbewerbsfähigkeit« verpflichtet. Ob sie es auch in diesem Falle wagen, von einer »Notwendigkeit« zu sprechen? Ob sie es wagen, auf die Forderungen ihrer Aktionäre hinzuweisen? Aber genau das bedeutet »sich anpassen«! Und wir, was tun wir, außer es hinzunehmen? Außer als Konsumenten von der Arbeit dieser Kinder zu profitieren, die keine andere Kindheit gekannt haben werden als diese? Wie kommt es, daß wir – gerade aus dem egoistischen Blickwinkel – nicht merken, daß es sich dabei um die Bedingungen unserer eigenen Zukunft handelt und daß die Zukunft *aller* Kinder der kommenden Generationen bedroht ist?

Die Wettbewerbsfähigkeit dient als Vorwand für die unzähligen Exzesse, die in ihrem Namen begangen werden, und darüber hinaus für die ebenso brutalen, wenn auch weniger spektakulären Verschlechterungen der allgemeinen Arbeits- und Lebensbedingungen. Sie dient dazu, Ausbeutung als logisch, unerläßlich und – selbst in den Augen der Ausgebeuteten übrigens – vorteilhaft durchgehen zu lassen. Bei ihr geht es um nichts anderes als um Profit – den Profit um jeden Preis, dessen Rolle stets ungenannt bleibt, während die Gesamtbevölkerung sich mit seinen Interessen unbewußt zu verbünden und ihm recht zu geben scheint, und all das unter dem Deckmantel der Wettbewerbsfähigkeit, die absolute Priorität genießt und der sich zu beugen zugleich zwingend und ausweglos ist.

Unter dem Deckmantel der Konkurrenz geht es noch einmal darum, ein Wettrennen um unbeschränkte Gewinne anzufeuern, darum, die geringste Weigerung für unmöglich, das geringste Zögern für lächerlich zu halten. Und sich in das, was einen bedrängt, zu fügen, sich damit abzufinden, ja es sogar zu fordern. Es geht darum, als Zuschauer jenen Wettkämpfen beizuwohnen, wo jeder

Kämpfer auf dem Kampfplatz die anderen übertreffen muß, bevor er selbst in der Ausbeutung der großen Masse übertroffen wird – mit dramatischen Auswirkungen: sozialen Tragödien, weltweiter Regression, dem Verlust jeder Vorstellung von Zivilisation, die zunächst geleugnet wird, dann völlig vernichtet zu werden droht.

Hier zeigt sich der allgemeine Betrug: Man sieht deutlich, daß zwischen den rivalisierenden Clans keine wirklichen Konflikte bestehen, sondern eine »Entente cordiale«. Der Wettbewerb reduziert sich auf einen einfachen Wettstreit, der von den Privatclubs unter ihren Mitgliedern organisiert wird, innerhalb des Clubs und ohne jede Konsequenz auch außerhalb. Sicher, jeder gibt sich der Sache mit Überzeugung hin, im Gewinnfieber, aber das, worum es geht, ist vertraut, jeder bleibt in Wahrheit mit allen innerlich verbunden, und alle blicken in dieselbe Richtung. Die Wettstreiter sind durch die gemeinsame Zugehörigkeit zum Club untereinander verbündet. Der Club funktioniert um so besser, als diese Konkurrenzen, deren Ergebnisse keinerlei Auswirkungen auf das Gleichgewicht oder Ungleichgewicht ringsum haben, zu den wesentlichen Bedingungen seines guten Funktionierens gehören.

Der Wettbewerb ist nur ein abgekartetes Spiel zwischen denen, die vorgeben, er sei ihnen aufgezwungen, wobei jeder versichert, daß er ihm von genau jenen aufgezwungen wird, mit denen er sich in Wahrheit gut versteht – auch darin, daß weitergemacht wird. Das Wesentliche ist für sie, das zu erreichen, was ihnen, wie sie sagen, auferlegt wird: abwechselnd die Initiative zu jenen unsozialen Maßnahmen zu ergreifen, die weitere auf seiten ihrer Rivalen auslösen, die sie dann wiederum überbieten müssen; in Wahrheit könnte den Wettstreitern nichts gelegener kommen, da sie alle denselben Weg gehen, den einer permanenten ultraliberalen Politik, die ausschließlich eine Politik des Profits zu Lasten der Menschen verfolgt, denen sie ihrer Meinung nach überlegen sind.

All das sind die ultraliberalen Vorlagen, um die herum die anonymen Massen sich aufstellen sollen. Die Wettbewerbsfähigkeit, so wird ihnen eingeflüstert, sei ein äußerer Zwang, den die Privatwirtschaft erleide, welche ganz gegen ihren Willen dazu gezwungen sei, diesen allem und jedem feindlichen, aber unwiderstehlichen Zwang auf die Öffentlichkeit abzuwälzen. Alle, Mächtige wie Arme, seien aufgerufen, sich gemeinsam »anzupassen«.

Daher die Aufforderung an das niedere Volk, sich den Mitgliedern des Clubs anzuschließen, zu staunenden Zuschauern ihrer Spiele zu werden und das Spiel als Schlachtenbummler sogar mitzuspielen, sich für ihre internen Auseinandersetzungen zu begeistern und – vor allem – sich mit Dankbarkeit ihrer Sache zu unterwerfen, die als eine Angelegenheit des öffentlichen Interesses dargestellt wird, aber im Interesse des Profits allein liegt.

Man sieht, wie die gängige Methode funktioniert: als sicher ausgeben, was nicht bewiesen ist, aber Schweigen über das durchsetzen, was sicher ist.

Wesentlich hierbei ist, die Rolle des Profits zu verbergen, die Rolle der Politik, die er bewirkt, ihn bis hin zu seiner Existenz selbst vergessen zu machen, während er doch immer aufdringlicher wird, immer merklicher wirkt und Allmacht erlangt. In dieser Absicht werden die unangenehmen Risiken der Beschäftigung – Entlassungen, Flexibilisierung, Niedriglöhne und anderes – der Sicherung der Wettbewerbsfähigkeit zugerechnet, die als Vorwand dient, aber für die Beschäftigungssituation insgesamt kaum eine Rolle spielt. Ob der eine oder der andere der entlassenden Betriebe auf dem Turnierplatz den Sieg davonträgt, wird keinen Einfluß auf die Gesamtzahl der Arbeitsplätze haben, es sei denn, es handelt sich um eine Fusion oder eine Übernahme. Einfluß hat vielmehr die Propaganda, die um die Wettbewerbsfähigkeit gemacht wird, um damit leichter die Zustimmung zu einer zerstörerischen Beschäftigungspolitik zu erhalten, die zu einem völligen Verfall der Gesellschaft führt.

Eine bestimmte Art der Propaganda verschiebt die Gegnerschaft jener, die – in Wahrheit – das Joch des Profits erdulden, auf diese Rivalitäten und geht so weit, sie zu überzeugen, Partei zu ergreifen, von ihrem natürlichen Ziel abzulassen, um sich den Interessen des einen oder anderen ihrer Gegner und deren inneren Kämpfen anzuschließen. Das ist eine der Stärken dieser Methode, nämlich heimlich all jene in das System zu integrieren, die das System ausbeutet und die ihre Kräfte konzentrieren müßten, um sich gegen es zu stellen; jene, die man gleichzeitig auf Gedeih und Verderb ausliefern wird, davon zu überzeugen, daß es sich hierbei um ein natürliches Schicksal handelt. Sie zum leichtgläubigen (oder scheinbar leichtgläubigen – was nicht besser ist) Publikum wirtschaftlicher Wettkämpfe zu machen, die auf ihre Kosten zwischen Komplizen ausgetragen werden, die sich nur als Gegner ausgeben. Zwischen Gegnern also, die in Wirklichkeit verbündet und damit beschäftigt sind, diejenigen, die sie ausbeuten, dazu zu bringen, das Programm ihrer Ausbeuter nicht nur hinzunehmen und zu erleiden, sondern es auch noch zu unterstützen.

Denn die Bevölkerung dieses Planeten ist letztlich nur sehr schwer zu unterwerfen; es ist nicht leicht, sie dazu zu bringen, Dinge zu ertragen, die sie ruinieren, und auf das zu verzichten, was in langen Kämpfen errungen wurde;

es ist nicht leicht, sie sich zurückentwickeln und derartige Zwänge erdulden zu lassen, ohne daß es zu einem explosiven Ausbruch kommt. Unter einem Regime, das sich noch auf die Demokratie beruft, muß man mit dieser Bevölkerung leben – und eine Frage unterdrücken, die, einmal ausgesprochen, vermutlich lauten würde: »Wie werden wir sie los?«

Betäuben, um besser überreden zu können, die Vorstellungswelt und auf diesem Weg die ganze Welt geduldig und ausdauernd mit einem Netz hemmungsloser Propaganda überziehen – das entspricht einer jahrhundertealten Praxis, deren Mittel und Auswirkungen jedoch noch nie so unmittelbar und allgemein gewesen sind.

Es ablehnen, an der Nase herumgeführt zu werden, und das offen sagen, die Hochstapelei entlarven und die Komplizenschaft mit ihr verweigern – das sind undankbare, aber grundlegende Aufgaben, lange nicht ausreichend, aber doch *unerläßlich* für jeden, der sich von den ultraliberalen Tricks befreien will; es ist zwecklos, irgend etwas lösen zu wollen, bevor diese Aufgaben nicht erfüllt sind. Auch das hat Priorität.

Wozu soll man versuchen, Probleme zu lösen, die geschaffen wurden, um nur in dem Rahmen lösbar zu sein, in dem sie entstehen, und mittels dessen, was sie ausmacht? Oder sich Problemen zu widmen, die von genau den Leuten angeprangert werden, die sie erst verursacht haben und deren Interesse darin besteht, sie andauern zu lassen, um die wahren Probleme zu verschleiern – das bedeutet doch, sich ihrem System noch stärker zu unterwerfen und geradewegs auf das zuzustürzen, was sie vorgesehen haben, dieses Ziel, zu dem sie uns hintreiben und das die wirklichen Schwierigkeiten, von denen wir uns befreien wollen und zu deren Komplizen sie uns machen, nur verlängern und rechtfertigen wird.

Es ist also lebenswichtig, die Verbissenheit zu erkennen, mit der uns die ultraliberale Ideologie umzingelt, die nur eine Logik zuläßt, und zwar die des privaten Profits innerhalb eines Systems, das sie durchgesetzt hat und innerhalb dessen nur diese eine Logik funktioniert; daher der Eindruck, daß es gar keine andere gibt und daß es besser ist, jedes Leben außerhalb des Systems, in dem sie angewandt werden kann, zu vergessen.

Ein System, das auf einem obsolet gewordenen Dogma beruht, wonach Beschäftigung vom Profit abhängt, von der Rentabilität der Unternehmen und vom Wachstum – wo doch heute Profit und Rentabilität unvereinbar sind mit Beschäftigung und weniger durch Beschäftigung als durch deren Abbau erreicht werden. Um so mehr, als der auf diese Weise erreichte Profit weniger zu Investitionen führt als zur Spekulation, die er nährt und die ihn nährt. Und dennoch: Alles ruht auf diesen altmodischen Axiomen, und jeder abweichende Vorschlag, jeder Widerspruch scheitert an diesem Teufelskreis. Auf diese Weise hat sich – ohne auf irgendein Hindernis zu stoßen und unter dem beruhigenden Label »Marktwirtschaft« – die Vorherrschaft einer zügellosen Finanzmacht entwickeln können, die die Gesamtheit aller Wirtschaftskreisläufe des Planeten mit unsichtbarer, aber unvergleichlich harter Gewalt unter ihr Joch zwingt.

Eine Finanzmacht, die immer weniger mit »Marktwirtschaft« zu tun hat und die immer stärker mit den virtuellen, flüchtigen »Werten« einer ins Extrem getriebenen, an Irrsinn grenzenden Spekulation eins wird: Davon also hängen wir ab, das also sind die näheren Umstände von jeder heutzutage betriebenen Politik, die praktisch *immer* mit mehr oder weniger Begeisterung oder Vorbehalten der Logik des Ultraliberalismus anhängt oder sie billigt, einer Logik, die sie selbst verkündet hat, die sie sich hat verbreiten lassen und zu der sie heute mit mehr oder weniger Bedauern bemerkt, daß es zu ihr keine Alternative gebe.

All das läuft auf die Aussage hinaus, daß wir inmitten politischer Strategien leben, die auf den ersten Blick verschiedenartig zu sein scheinen, aber alle für eine weltweite Politik die Verantwortung tragen, die auf einem einheitlichen und unterschwelligen Prinzip beruht, das als unbestreitbar gilt: dem der Priorität, die dem privaten Profit mehr oder minder heimlich eingeräumt wird, als heiliger Quelle der Beschäftigung; ein Prinzip, gegen das es nach allgemeinem Verständnis kein Mittel gibt und nach dem jeder, der die »Marktwirtschaft« nicht als alleiniges Gesellschaftsmodell, ja als Definition von Demokratie selbst anerkennt, ein rückständiger Autist und gefährlicher Quertreiber ist.

Ganz gleich, ob das, was heute unter dem Etikett »Marktwirtschaft« läuft, nicht mehr seiner Definition entspricht.

Ganz gleich, wie totalitär diese Unterwerfung unter eine Einheitsideologie ist, die – verborgen hinter der »Globalisierung« – nicht einer einzigen Gegenmacht Platz läßt.

Es ist eine seltsame, noch nie dagewesene Situation. Sicher, wir leben in einer Demokratie, einer geschundenen, aber doch vorhandenen Demokratie: Wenn sie verschwindet, wird uns das lehren, ihre derzeitige Form zu schätzen, so zweifelhaft sie auch ist. Eine seltsame Diktatur hat sich breitgemacht, ohne die Atmosphäre, die Strukturen, ja, die demokratischen Freiheiten zu zerstören (damit findet sie sich ab), eine Diktatur, die sich durch diese Freiheiten gar nicht beeinträchtigt sieht, derart fest verankert ist ihre Macht, derart fest stehen alle zur Ausübung ihrer Souveränität nötigen Faktoren unter ihrem Einfluß, derart kann sie auf immer größere Teile der Menschheit verzichten, derart bricht sie mit der Gesellschaft. Derart sind ihre Prioritäten Gesetz.

Eine Diktatur ohne Diktator hat sich allmählich ausgebreitet, ohne eine bestimmte Nation anzugreifen. Eine Ideologie des Profits, die sich mit keinem anderen Ziel durchgesetzt hat als dem der unbeschränkten Finanzherrschaft, die nicht danach strebt, die Macht zu ergreifen, sondern danach, absolute Verfügungsgewalt über diejenigen zu besitzen, welche die Macht innehaben, indem sie deren Autonomie abschafft. Wenn letztere zwar noch immer die Entscheidungen fällen, wenn sie dafür noch immer zuständig sind, so geschieht dies doch in Abhängigkeit und unter der Kontrolle eines Finanzterrorismus, der sie ohne Freiheit oder Möglichkeit der Wahl läßt.

Die politische Klasse wird erdrückt, dabei hat sie wesentliche Bedeutung, allerdings nur, wenn sie von der öffentlichen Meinung geleitet wird, die sich heute – völlig überrumpelt – kaum vernehmen läßt, darum aber nicht weniger denkt. Es gibt ein internationales öffentliches Bewußtsein, es ist »globalisiert«, mehrheitlich antiliberal, es weiß aber noch nicht, wie verbreitet es ist, um so weniger, als einer der Kunstgriffe des Systems darin besteht, jeden Gegner des Einheitsdenkens davon zu überzeugen, daß er allein steht, ganz zweifellos wahnsinnig ist und mit Sicherheit grotesk. Und außerdem »unrealistisch«, da er die ungehörige Idee, daß immerhin der ganze Planet von einer historisch gewachsenen, lebendigen Menschheit bevölkert ist, die man vorrangig berücksichtigen müßte, für »realistisch« hält. Außerdem auch noch »rückständig«, da er sich einer Modernität verweigert, die darin besteht, sich ins 19. Jahrhundert zurückzuentwickeln! Allerdings beginnt diese öffentliche Meinung erkennbar zu werden, und zwar in internationalem Maßstab; sie beginnt ihre Rolle zu spielen. Sie allein kann es der politischen Klasse ermöglichen, die ihre wieder zu übernehmen und – für alle, die dies im tiefsten Innern wollen – sich vom Club der Ultraliberalen zu befreien.

Um diesen Club die Herrschaft übernehmen zu lassen, bedurfte es *keinerlei Komplotts*, sondern – sehr viel gravierender und wirkungsvoller – einer Politik, die das Spiel der Finanzmacht mitspielt, davon profitiert und dank dieser die wenigen neuralgischen Punkte kontrollieren kann, die das Ganze steuern. Die Maschinerie setzt sich in Gang, und damit wird das Räderwerk der Logik eines ideologischen Systems in einem abgeschlossenen Kreislauf in Gang gesetzt. Die Axiome dieser Logik machen es möglich, die Räubereien und vom System durchgeführten Deregulierungen für beispielhafte Vorgänge zu halten, die sofort etabliert werden und schließlich verpflichtend sind. Ohne jeden Komplott ist die gesamte Politik plötzlich an dieses Netz von immer unentwirrbareren Geschehnissen gekettet, die alle im Dienst des privaten Profits und seiner erzwungenen Folgen stehen. Der Raum, den man Ideen einräumt, die es ermöglichen würden, dieses System in Frage zu stellen und einzuwenden – oder sich auch nur daran zu erinnern –, daß es andere Systeme gibt, daß andere Systeme möglich sind, wird unterdessen immer kleiner, bevor er schließlich ganz verschwindet.

Die ultraliberale Umklammerung, in der wir uns befinden, war am Anfang wenig aufsehenerregend, fast unsichtbar; kaum wurde sie vage wahrgenommen, erschien sie auch schon fest verwurzelt und wurde mit der Globalisierung gleichgesetzt, die eins mit der Natur und zum Wesen jeglicher Gesellschaft gehörig schien. Diese Umklammerung wurde übrigens lange Zeit mit der vertrauten Routine eines sichtbaren, ja, offen zur Schau gestellten Kapitalismus verwechselt (wodurch die Beunruhigung der mittleren Schichten vermieden werden konnte), der relativ logisch war und die despotischen, zerstörerischen Rasereien, die Paranoia des Ultraliberalismus kaschierte, aber auch dessen unzählige, nur höchst selten hervorgehobenen und schnell wieder vergessenen Unzulänglichkeiten, die bei keiner Prognose berücksichtigt wurden, geschweige denn bestraft. Die breiten Massen sind es, die für diese häufig absurden Fehler bezahlen, auf die sie keinerlei Einfluß haben, weder vorher noch im nachhinein. Doch die Verantwortlichen gehen weiter ihren Weg. Einen zerstörerischen Mißgriff an der einen Stelle kompensieren diese Zauberlehrlinge mit den Mitteln der Finanzströme hektisch und nervös an einer anderen. Die Erde wird sich weiter drehen – zumindest werden die Börsenkurse weiter steigen, was für sie auf dasselbe herauskommt.

Ganz gleich, ob ganze Nationen ausgeblutet und im Elend zurückgelassen werden, wenn die Kämpen weiterziehen, um sich anderswo zu üben! Das sind durchaus menschliche Unzulänglichkeiten, wird man sagen. Ja, aber sie wirken katastrophaler als alle anderen, da ihre formlosen Pläne jedes Mal ganze Erdregionen miteinbeziehen, die sie aufs Geratewohl manipulieren und die von den Entwicklungen der Spekulation brutal beeinträchtigt werden.

Es sind menschliche Leben, die in diesen verantwortungslosen Wahnsinn hineingezogen werden, die unter dessen Brutalität, vor allem aber unter einem kaltblütig eingeführten Mangel an Kohärenz zu leiden haben, welcher sorgfältig gepflegt und geschickt maskiert wird und die Masse der Menschen in einer Sackgasse gefangenhält.

»Mangel an Kohärenz«? Wie soll man es aber anders bezeichnen, wenn Massen in einem Auflösungszustand und ganze Generationen in äußerster Not gehalten werden, nur weil man sich in die Idee verrannt hat, jetzt »Arbeit« genannten Beschäftigungsverhältnissen jene entscheidende Rolle zuzuschreiben, die sie nicht mehr spielen können?

Es ist keineswegs harmlos, wenn das, was mit »Beschäftigung« zu tun hat, auf den vornehmen Begriff »Arbeit« getauft wird, eine Konfusion, die unwillkürlich eine empörte Reaktion hervorruft: »Unmöglich! Die Arbeit *kann nicht* verschwinden!« Und das stimmt. Arbeit als Funktion des Menschen kann nicht verschwinden, die Beschäftigung hingegen kann es. Der Begriff, die Möglichkeiten und die Zukunft der Arbeit bleiben dadurch unberührt, im Gegenteil, sie wird befreit.

Eine Richtigstellung ist allerdings angebracht: Offenbart dieser Mangel an Kohärenz nicht im Gegenteil eine extreme Kohärenz, eine mehr oder minder bewußte Strategie, die darauf abzielt, die Gesamtheit der Menschen in der Gewalt zu halten?

Entlassen, deregulieren, restrukturieren, die Produktion verlagern, fusionieren, privatisieren, spekulieren: all das sind Maßnahmen, die für die Beschäftigung außerordentlich schädlich sind, die aber sehr selbstbewußt als förderlich ausgegeben werden, da sie dem Profit dienen, der Rentabilität und folglich dem Wachstum. Das bedeutet nach dem klassischen Dogma: den Bedingungen für die Rückkehr der Beschäftigung. Wir haben gesehen, wie es darum steht.

Nicht das Verschwinden der Beschäftigung ist das eigentliche Verhängnis, sondern die Tatsache, daß dieses Verschwinden auf zynische Weise benutzt wird: zunächst, indem es bestritten wird und indem man vorgibt, die gegenwärtige Arbeitslosigkeit sei eine Ausnahmeerscheinung, sie sei zeitlich begrenzt und ungewöhnlich, und indem so der Mythos der Beschäftigung, deren Verschwinden nur ein vorübergehendes Phänomen sei, gewahrt bleibt. Und dann, indem man die unmittelbare Rückkehr der Beschäftigung verspricht, indem man die Ausgrenzung der Menschen entdramatisiert, die keine Beschäftigung mehr haben, indem man das Gefühl der Schande und Scham verstärkt, das diese Ausgrenzung begleitet (das aber, glücklicherweise, zurückgeht), indem man den Druck auf die Menschen verstärkt, die kurz davor sind, ebenfalls in diesen Zustand zu geraten, der Gnade jener ausgeliefert, die über das verfügen, was an Beschäftigung noch übrig ist.

Verhängnisvoll ist weniger das Fehlen von Arbeitsplätzen als die skandalösen Lebensbedingungen der Betroffenen, die Zurückweisung, das Unbehagen, das allen aufgezwungen wird, die arbeitslos werden. Und die Angst der riesigen Mehrheit, die sich aus Furcht vor dem Verlust ihrer Arbeitsplätze immer stärkeren Zwängen unterwirft.

Während sich der Beschäftigungswahn in dem Maße steigert, in dem die Beschäftigung selbst knapp wird, während ihr Kult immer götzendienerischer wird, und während ein endloser (und wirkungsloser) Kampf gegen die Arbeitslosigkeit *durch* die Unterstützung des Profits an oberster Stelle steht – werden die »Arbeitslosen« millionenfach[4] gezielt ihrem Schicksal überlassen. Der Kampf

4 Offiziell drei Millionen in Frankreich, achtzehn Millionen in der Europäischen Union.

gegen die Arbeitslosigkeit läßt sie – mit einigen dürftigen und häufig auch noch umstrittenen Beihilfen – links liegen und stellt ihnen als einzige Perspektive das »Ende des Leistungsanspruchs« in Aussicht, ein unmenschlicher Ausdruck.

Den Zustand dieser Millionen von Arbeitslosen als vorrangig ansehen? Undenkbar! Das wäre Beweis für einen unverzeihlichen Pessimismus, eine Beleidigung des Versprechens einer unmittelbar bevorstehenden Rückkehr zur Vollbeschäftigung (oder Beinahe-Vollbeschäftigung). Während der französische Staat es für machbar hält, Gelder einzusetzen, damit die Bevölkerung vom Wachstum profitiert, hält er es offenbar für beklagenswert defätistisch, wenn er diese Gelder einsetzte, um das Leben der Arbeitslosen und der Benachteiligten weniger unerträglich zu gestalten. Man muß vor allem auf die – zumindest theoretisch eintretende – künftige Beschäftigung setzen, ohne sich bei jenen aufzuhalten, die (oft seit langem) darunter leiden, ganz aktuell keine zu haben, und denen als einzige Hilfe nur Versprechen gemacht werden. Das komme im übrigen, so sagt man uns, ihrem teuersten Wunsch entgegen: dem, »ihre Würde wiederzufinden« (die sie, wie man sich und ihnen einredet, verloren haben!) und keine »Sozialhilfeempfänger« mehr zu sein. Demütigen wir sie bloß nicht!

Da die Unternehmen nicht im Verdacht stehen, ähnlich schamhaft zu sein, sind sie es, denen diese Gelder in Form von Steuernachlässen oder Subventionen helfen, was bei ihnen allerdings nicht das geringste Gefühl der Demütigung auszulösen scheint. Was macht es schon, wenn jene Unternehmen, die subventioniert werden, damit sie einen »Anreiz« erhalten, um Leute einzustellen, die Subventionen kassieren und gewöhnlich nicht oder nur geringfügig einstellen, es sei denn, sie hatten bereits vorher die Absicht und können diese jetzt billig umsetzen. Sie stellen zwar nicht ein, erklären sich aber in manchen Fällen großherzig bereit, ein paar Menschen weniger zu entlassen.

Derlei Details können jene Realisten nicht aus der Ruhe bringen, die sich dafür stark machen, die Arbeitslosigkeit zu reduzieren, so daß die Arbeitssuchenden – fest versprochen! – sich nur ein paar Jahre quälen müssen. Was sorgen sie sich noch weiter? Wenn diese Jahre erst vorüber sind, können sie sicher sein, auf andere Versprechungen zu stoßen. Ist das nicht fürsorglich?

Dabei hatte man doch einst den Eindruck gehabt, Arbeit sei ein Recht. Aber es handelt sich wohl nur um das Recht, diesen Eindruck zu haben!

Die Erklärung der Menschenrechte trägt heute geradezu subversive Züge und scheint im übrigen nur von verrückten Utopien zu sprechen. Aber sie macht sich immer gut im Hintergrund, und es macht sich auch gut, sich auf sie zu beziehen. Nun mag es ja erlaubt sein, sich gegen sie zu stellen, sie zu kritisieren – doch es ist ein erbärmlicher Scherz, wenn man sie verhöhnt, während man sie zugleich zu verehren vorgibt.

Die Allgemeine Erklärung der Menschenrechte, die am 10. Dezember 1948 von der Vollversammlung der Vereinten Nationen verabschiedet wurde, legt in Artikel 23 fest:

1. Jeder hat das Recht auf Arbeit, auf freie Berufswahl, auf gerechte und befriedigende Arbeitsbedingungen sowie auf Schutz vor Arbeitslosigkeit.
2. Jeder, ohne Unterschied, hat das Recht auf gleichen Lohn für gleiche Arbeit.

3. Jeder, der arbeitet, hat das Recht auf gerechte und befriedigende Entlohnung, die ihm und seiner Familie eine der menschlichen Würde entsprechende Existenz sichert, gegebenenfalls ergänzt durch andere soziale Schutzmaßnahmen.

Man sieht hier, in welchem Maße die Nationen, die sich dieser Erklärung angeschlossen haben, eidbrüchig geworden sind.

Das Recht auf Arbeit – vergessen! Die Tatsache, daß die »Würde« des Menschen nicht erworben wird, daß jeder Mensch bereits eine Würde *hat*, die eine Beschäftigung ihm nicht verleihen und die sie noch weniger beschädigen könnte – verleugnet!

Man sieht, der Begriff »Beihilfe« ist unwürdig, wurde erdacht, um den Gegner, zu dem das Individuum geworden ist, noch mehr zu verunsichern. Wenn man das so sagen kann ... Denn dieses vom Ultraliberalismus umhegte »Individuum« könnte in der ultraliberalen Perspektive nur ein »Entscheidungsträger«, ein »Unternehmer« sein, niemals, absolut niemals ein »Armer« oder jemand auf dem Wege, es zu werden. Ein »Individuum« kann nur sein, wer es sich gestattet, individuelle Initiativen zu ergreifen und sich in eine Situation zu begeben, in der er nach eigenem Gutdünken auf das Leben einer Masse von Nicht-Individuen Einfluß nimmt, die sich dem nicht entgegenstellen könnten, ohne die individuelle Freiheit des wahren Individuums anzugreifen.

Die vorgebliche »Beihilfe« stellt übrigens nicht einmal eine »Hilfe« dar, sondern ein Recht: die Kompensierung der Ungerechtigkeiten durch die Gesellschaft (die sie selbst geschaffen hat), eine lächerliche Kompensierung angesichts einer Schuld, die sie nicht löscht.

Wenn die Arbeitsplätze verschwinden und mit ihnen das »Recht auf Arbeit«, und wenn die Gesellschaft es nicht schafft, die vollen Rechte der Menschen wiederherzustellen, die dieser Rechte beraubt sind, welches Recht hat sie dann, sie zu bestrafen, wie sie es brutal tut, wo *sie* doch im Unrecht ist und ihre Rolle darin bestehen müßte, die einem solchen Leid Ausgesetzten und ohne statthaften Grund Verurteilten aus diesem Durcheinander von Ungerechtigkeiten und Verwüstungen zu befreien, statt sie sich selbst zu überlassen?

Die Lösung? Es gibt nur eine: es ablehnen, daß die Gesellschaft nicht ihrer Pflicht nachkommt, und im Gegenteil fordern, daß sie es tut. Wie? Indem man eine vorrangige Aufgabe daraus macht. Indem die notwendigen Gelder freigegeben werden, Gelder, die in dringenden Fällen zur Verfügung stehen, in diesem Fall jedoch dauerhaft, während der gesamten Dauer dieser anomalen Verhältnisse. Um so mehr, wenn wir einmal optimistischerweise alle Versprechungen, nach denen diese Verhältnisse nur von kurzer Dauer sein werden, für bare Münze nehmen!

Indem man Prioritäten setzt, bestimmt man über das, was möglich ist. Diese Wahl fällt heute vielfach auf Glücksspiele, auf unergiebige Spekulationen, die einzig eine kleine Bande von Anhängern interessieren, denen aber eine oligarchische Politik und eine totalitäre Ideologie in einem Klima der Verschleierung erlaubt haben, die Realitätsferne zum Prinzip zu erheben, die Menschen entsprechend zu konditionieren und dafür zu sorgen, daß die scheinbar so konkrete ökonomische Steuerung faktisch ins virtuelle Chaos führt. Das führt zu weiterer Realitätsverleugnung, vor allem der Tatsache (die sich doch auf recht »sichere Quellen« stützt), daß es auf der Erde menschliche Lebewesen gibt. Sensible, verletzliche Lebewesen. Lebewesen, die manchmal als »unsere Mitmenschen« bezeichnet werden. Eine recht triviale Wirklichkeit in den Augen unserer wettfreudigen Spieler und ihrer Buchmacher, die nur noch die künstliche Welt sehen, hören und mit ihr kommunizieren, eine Welt, der sie die unsrige opfern.

So finden sie es auch normal, von den Arbeitslosen zu erwarten, daß diese auf unbeschränkte Zeit einer unerträglichen Situation ausgesetzt sind, daß sie eine Heimsuchung nach der anderen über sich ergehen lassen müssen, die ihnen willkürlich und ohne jeden Grund auferlegt werden, für die sie auch nicht verantwortlich sind, jedenfalls nicht mehr als wir alle. Es erschiene ihnen abwegig, eine Budgetverteilung an den Schicksalen lebendiger Menschen auszurichten, ohne erst auf die Bekanntgabe des CAC 40[5] und andere Abstraktionen zu schielen, die kaum wiedergutzumachende Tragödien verursachen.

Wenn derlei Hindernisse in reichen Ländern wie Frankreich existieren, der viertgrößten Wirtschaftsmacht der Welt, oder in den Vereinigten Staaten, der größten, dann, weil etwas faul ist auf der Erde. Und dann ist genau das abzulehnen, mit all den Veränderungen, die sich daraus ergeben – man braucht dabei nicht auf die zum Himmel gerichteten Blicke zu achten, auf den Protest, der sofort von »mangelndem Realitätssinn« und »grundsätzlicher Unmöglichkeit« spricht. Unmöglichkeit, die in der Tatsache begründet liegt, daß es, wenn man eine halbwegs zufriedenstellende Gesellschaft erreichen will, nicht an-

5 Index der 40 wichtigsten französischen Börsennotierungen. [A. d. Ü.]

ders geht, als Ausgaben zu beschließen, die in der Tat diese Budgets angreifen würden, welche ausschließlich auf den für heilig erklärten privaten Profit ausgerichtet sind. Aber auf welcher Seite liegt da der Mangel an Realitätssinn, oder auch der Mangel an Seriosität? Die Mittel existieren, es fehlt nicht an Vermögen. Es bleibt die Frage ihrer Verteilung zu regeln.

Sollte dies das ultraliberale Gleichgewicht beeinträchtigen, das auf andere Prioritäten ausgerichtet ist, so würde nur wieder ein klein wenig wirkliche Wirtschaft eingeführt. Und das ist machbar, sehr viel leichter machbar sogar als die virtuellen Akrobatik-Kunststücke um Spekulationen, die für alle anderen Zwecke als ihren eigenen Selbstzweck völlig ungeeignet sind.

Das Ganze wäre dabei nur eine Gegenreaktion, eine Opposition gegen die Machtergreifung durch das ultraliberale Regime, das eine Welt lenkt, in der in den armen Ländern 1,3 Milliarden Menschen mit weniger als einem Dollar täglich auskommen und in der in den reichen (und wie reichen!) Ländern zig Millionen unterhalb der Armutsschwelle leben – in Frankreich sind es acht Millionen. Eine Welt, in der alles auf die Börsenwerte (die einzigen Werte) hinausläuft, die nichts anderes tun, als sich in immer schwindelndere Höhen zu schrauben, dank dieser Situation, zu deren ständiger Verschlimmerung sie beitragen.

Es ist nicht zu entschuldigen, daß wir durch Zeiten des Reichtums dort angelangt sind, wo wir uns heute befinden, und diese Millionen, diese zig Millionen unserer Zeitgenossen im Elend leben lassen. Es ist noch weniger zu entschuldigen, daß wir nicht vorhersehen, was im Entstehen ist, und das, was so wenig wünschenswert ist, unter unseren Augen wachsen lassen, wieder einmal, ohne es auch nur wahrzunehmen, obwohl wir es selbst erleiden.

Wir sollen reglos und unbeweglich diese Zeiten der größten Veränderung durchmachen. Eine verschwindend kleine Anzahl von Privilegierten nimmt sich allein die Freiheit und hat Zugang zum Wandel; aus der Tatsache heraus, daß diese wenigen an Modernität und Fortschritt teilhaben und davon profitieren, ohne aber eine Ahnung zu haben, was mit den anderen, die links liegen gelassen wurden, geschehen soll, wie man sie nutzen könnte, halten sie es für modern, auf diese Menschen zu verzichten – sie dem stillen Warten auf eine Wiederkehr der Vergangenheit zu überlassen, jener Zeit, als sie noch gebraucht wurden.

Indessen hält man es für besser – auch wenn sich das Kräfteverhältnis gewandelt hat –, weiterhin die eingefahrenen Verhaltensweisen rund um die Beschäftigung fortzusetzen, den Mythos der Beschäftigung hochzuhalten und zu allerlei Träumen zu animieren, indem man die alten Refrains trällert, die für die Zukunft Arbeit versprechen.

Ist es optimistischer, diese einschläfernden Wiegenlieder zu singen oder ihre Lüge zu entlarven, die Fallen öffentlich zu machen, mit denen sie arbeiten, auf die sie hinauslaufen, und die falschen Hoffnungen zu entmystifizieren, deren Ziel es ist, für das absolut Inakzeptable allgemeine Zustimmung zu erreichen? Ist es besser, die »Realität« wahrzunehmen oder sich in den besonderen »Realismus« der Entscheidungsträger und der Spekulanten zu schikken, der darin besteht, dafür zu sorgen, daß wir hinnehmen, daß sie die Stärksten sind, und daraus auch gleich ableiten, daß sie jedes Recht haben?

Wenn man hört, wie der unvergleichliche Wert der Beschäftigung von denselben Leuten besungen wird, die an deren massiver Abschaffung arbeiten und sie so attraktiv finden wie die – ebenfalls bezauberten – Investoren, so wäre es gut, ihnen in Erinnerung zu rufen, welchen Wert sie der Beschäftigung beimessen, wenn es darum geht, sie zu vergüten.

Eine realistische, moderne Logik würde nämlich verlangen, daß die religiöse Verehrung der Beschäftigung abgeschafft und mit ihr die anachronistische Vorstellung von der Arbeitslosigkeit verschwinden würde, die weltweit als Kandare eingesetzt wird. Was wäre es für eine Frustration für das ultraliberale Regime, was für eine Beraubung seiner Zwangsmittel, seiner Erpressungsmöglichkeiten, Ausbeutungsformen, Unterwerfungsprozesse, wenn diese Vorstellung verschwunden wäre!

Was würde es für einen Fortschritt bedeuten, diese Instrumentalisierung der Arbeitslosigkeit nicht mehr zuzulassen! Wenn man sie nicht mehr mit diesem anachronistischen Blick betrachtete, sondern ihre gegenwärtige Form zur Kenntnis nähme, ein vollständig neues Phänomen, das zwar noch so heißt, aber nichts mehr mit dem zu tun hat, was sein Name einmal ausdrückte. Wir stehen einem Phantom gegenüber, dem Phantom jener Arbeitslosigkeit, die mit der Epoche verschwunden ist, der sie entsprach.

Es ist die Arbeitslosigkeit aus Großpapas Zeit, was heute bekämpft wird, und wenn sie in unseren Tagen immer noch wütet, so doch nur auf eine künstliche Weise. In vielen, immer zahlreicher werdenden Fällen ist die Beschäftigung unsicher und ohnehin kein Integrationsfaktor mehr: Sie füllt nicht die ganze Zeit aus, reicht oft nicht zum Leben (was am Ende des 19. Jahrhundert noch normal war, später aber nicht mehr) und rettet also jene, die in ihren Genuß kommen, nicht mehr automatisch vor der Situation derer, die unterhalb oder an der Armutsschwelle leben. Das gesamte Kräfteverhältnis hat sich geändert und damit der Status der Beschäftigung, ihre Bedeutung in den Augen der Unternehmen. Wenn sie für letztere immer noch grundlegend notwendig oder sogar nützlich wäre, so würden die meisten von ihnen gegenwärtig von masochistischen und zugleich abgefeimten Lügnern geleitet. Man muß nur eine Tageszeitung aufschlagen, Radio hören oder fernsehen, um zu erfahren, wie jeden Tag neue Massenentlassungen verkündet werden, flankiert von Stellenkürzungen, die von florierenden Unternehmen durchgeführt werden, die, wie wir gesehen haben, durch diesen Vorgang noch weiter aufblühen. Gleichzeitig verkünden die Verantwortlichen der Privatwirtschaft selbst, daß es sich hierbei nicht um konjunkturelle Zufälle, sondern um den eigentlichen Ausdruck der »Moderne« handelt, um ihr eigenes Führungsvermögen, ihre Rationalität.

Ein paar weitere Beispiele. Sie ergänzen die bereits genannte Liste,[6] und stammen von November und Dezember 1998:

7. November: 250 bis 280 Entlassungen (bei 1200 Beschäftigten) bei Sogenal.

12.: 500 Entlassungen (bei 700 Beschäftigten) bei Cummins Wartsila (Mulhouse).

13.: Abbau von 3000 Stellen bei Shell in Europa. Bei Monsanto sind 700 bis 1000 Entlassungen vorgesehen.

21.: Zwei Fabriken von Seita werden geschlossen (was jedesmal die Verarmung einer ganzen Region bedeutet), voraussichtliche Streichung von mindestens 500 Stellen.

6 S. oben, S. 9 f.

26.: Bei Thomson/Dassault Electronic werden 1300 Stellen gestrichen (Fusion).

28.: Streichung von 300 Stellen (von 1200) bei Monoprix (Sitz Paris).

30.: Bei Rover werden 2500 Stellen gestrichen.

1. Dezember: Abbau von 5300 Stellen bei Volvo.

2.: Personalreduzierung von 5% (das bedeutet 48 000 Entlassungen) bei Boeing in den nächsten zwei Jahren. Bei Exxon/Mobil Abbau von 7% des Personals, das bedeutet 9000 Stellen (durch Fusion).

3.: Bei Panasonic ist die Streichung von 400 bis 600 Stellen geplant.

4.: 2000 bei Texaco.

Am 5.: 5800 bei Johnson & Johnson.

Am 7.: 200 Entlassungen bei AFP.

Am 8.: Bei der Deutschen Telekom werden 14 100 Stellen gestrichen (durch Privatisierung).

Am 10.: Bei Northrop fallen zusätzlich zu den 8000 bereits angekündigten Stellen 1800 weitere weg. Bei Smith and Nephew 480. Bei Seb 395.

Am 17. verkündet Citigroup 5% Personalabbau, das heißt 10 400 Entlassungen.

Am 18.: 179 Entlassungen bei Laboratoires Pierre Fabre.

Am 21.: 4000 Entlassungen bei Thomson-CSF, davon 3000 in Frankreich.

Und wahllos herausgegriffen noch 4200 Entlassungen nach der Fusion von Elf und Total-Fina, ganz zu schweigen von den unzähligen weiteren Entlassungen, die aus Fusionen folgen (etwa der von Paribas und der BNP) oder aus Strategien der Produktivitätssteigerung, wie bei Michelin oder bei Ericsson in Schweden (10 000 Entlassungen) oder auch bei Procter & Gamble, die mit 3,78 Milliarden Dollar Gewinn, das sind umgerechnet etwa

7,6 Milliarden DM, im Juni 1999 zehn Standorte schließen und auf diese Weise 15 000 Stellen streichen; Durk Jager, der Vorstandsvorsitzende, spricht dabei von der »Wertsteigerung für den Aktionär«[7].

Dagegen plant Renault dank der Einführung der 35-Stunden-Woche triumphierend Neueinstellungen ... nämlich für jede dritte frei werdende Stelle eine, und die Post verzichtet aus demselben Grund auf die Streichung von 3000 Stellen jährlich!

Noch aufschlußreicher sind die Verrenkungen, die eine Regierung nach der anderen macht, um dem Markt eine lächerliche Zahl neuer Stellen zu injizieren; sie zeigen, wie es um den Arbeitsmarkt wirklich bestellt ist. Zum Beispiel wenn der Staat der Ansicht ist, die Stellen der privaten Wirtschaft »finanzieren« zu müssen! Wenn er den Betrieben einen Gutteil der Löhne und Gehälter anbietet, die sie ihren Beschäftigten schulden, damit sie diese auch bezahlen »können«! Ein unglaublicher Glücksfall! Manna für die private Wirtschaft, eine reine »Beihilfe«, die in diesem Fall aber nicht besonders hervorgehoben wird, sondern am Zusammenbruch der Beschäftigung, so hört man, nur herumdoktert, ihn verzögert und vor allem verschleiert. Das Vogel-Strauß-Syndrom. Und vor allem infantil, es erinnert an jene Spiele, bei denen Eltern ihren Kindern ein paar Mark in die Hand drükken, damit diese »so tun können als ob« und Kaufladen spielen.

Infantil schon, aber auch nicht so naiv, denn die Unternehmen erleben auf diese Weise, wie sie von jedem einzelnen Bürger bezahlt werden, einschließlich ihrer eigenen Arbeiter und Angestellten, die im Grunde schon da-

7 Quelle: *Le Monde*

für bezahlen, daß sie bezahlt werden, und über die sie sich ihre Ausgaben rückvergüten lassen.

Aber wird dieses Spiel der Geprellten noch lange so weitergehen?

Glaubt man wirklich, daß Unternehmen, wenn sie diese Arbeitskräfte bräuchten, auf sie verzichten würden – mit oder ohne Subventionen?

Wie kann man über die Arbeitslosigkeit ständig dieselben endlos wiedergekäuten Reden halten? Die noch dazu falsch sind? Wie kann man unter anderem bis zum Überdruß wiederholen, daß die paar wenigen erreichten und bewahrten sozialen Errungenschaften und die schwachen Vorbehalte, die dem Ultraliberalismus entgegengestellt werden, für die Arbeitslosenquote verantwortlich seien, die in Europa und besonders in Frankreich verheerende Folgen hat? Und daß sie in den Vereinigten Staaten, wo man sich mit derlei »Rückständigkeiten« nicht belastet, praktisch verschwunden sei; und auch in Großbritannien sei man nicht weit davon entfernt? Eine Lobeshymne auf das nahende Paradies der angelsächsischen Dogmen!

In Wirklichkeit ist das Propaganda. Eine Propaganda, die wie gewöhnlich massiv vorgetragen wird, wie eine unumstößliche Tatsache und mit einer derartigen Arroganz, einer derartigen scheinbaren Einmütigkeit (dank des allgemeinen Schweigens) und in so entschiedenem Ton, daß jeder Einwand schon Heldenmut bedeutet. Man muß sich in Erinnerung rufen, wie dieselben einhämmernden Töne schon ein anderes Wunder begleiteten, nämlich das »asiatische Wunder«. Asiatisches Wunder, amerikanisches Wunder: derselbe Kampf, dieselbe massive propagandistische Vergiftung.

Auch diesmal ist es ein seltsames »Wunder«, verzeichnen

die Vereinigten Staaten doch seit dreißig Jahren – selbst in diesen »wunderbaren« Zeiten – dieselbe erschreckende Zahl von Bedürftigen: Mehr als 35 Millionen Menschen leben in der größten Wirtschaftsnation unterhalb der Armutsgrenze. Und es gibt zwei Millionen Obdachlose. Das ist das Dekor des amerikanischen »Wirtschaftswunders«.

Scheint es da noch richtig, die USA und die reichen Länder überhaupt »entwickelte Länder« zu nennen? Und zwar angesichts der Diskrepanz zwischen einer Handvoll phantastischer Vermögen und dem Elend von mehr als einem Fünftel ihrer Bevölkerung? Diese Ländertypen haben ihre Möglichkeiten keineswegs »entwickelt«. In diesem Sinne ist der größte Teil der reichen Länder unterentwickelt, und allein ihre Armut hält oder »entwickelt« sich.

Es ist jedoch genau diese Armut, die in den Vereinigten Staaten die niedrige Arbeitslosenquote und die schmeichelhaften Statistiken erklärt. In Wirklichkeit *treten hier die Armen an die Stelle der Arbeitslosen* und leiden unter noch größerem Elend und härterer Ausgrenzung, wo es doch gerade Elend und Ausgrenzung sind, die die Arbeitslosigkeit, ihren Makel, ihre Bedrohlichkeit ausmachen. Der Unterschied liegt darin, daß diese Armen praktisch keinen Eingang in die Statistiken finden.

Was nie hervorgehoben wird, ist die Tatsache, daß die Berechnung der Arbeitslosigkeit in allen Ländern auf der Grundlage derselben Kriterien erfolgt (es sind Statistiken, die auf der Anzahl der Menschen basieren, die in die Listen der Arbeitssuchenden eingetragen sind), während jedes Land nach sehr unterschiedlichen Kriterien organisiert ist und mit derselben Zahl von Beschäftigungslosen eine unterschiedliche Zahl von Eingetragenen hervorbringt. Würde man all diese bislang vernachlässigten Kriterien und Parameter berücksichtigen, so würde der Unterschied zwischen den Vereinigten Staaten und Frankreich zum Beispiel in bezug auf die Arbeitslosigkeit unendlich viel kleiner, wenn nicht inexistent.

Vergleichen wir einmal genau die Vereinigten Staaten, Musterland des Ultraliberalismus, und Frankreich, das sich diesem gegenüber immer noch relativ widerständig zeigt und sich häufig geschmäht sieht, weil es noch immer an sozialen Errungenschaften festhält, die für »rückständig« gelten.

Öffnen wir zunächst eine Klammer, um daran zu erinnern, daß seit einer Reihe von Jahren das Einkommen der mittleren Schichten in den Vereinigten Staaten (auf gefährliche Weise) von Börsenmärkten und den Risiken der Spekulation abhängt. Die Kaufkraft dieser Schichten hängt also davon ab; und manche Dividendenerhöhung gleicht eine Lohnsenkung aus. Jeder zweite Haushalt besitzt Aktien,[8] das bedeutet 78,7 Millionen Personen oder besser Familien, die sich – das ist das Gefährlichste daran – vielfach verschulden, um Aktien zu kaufen. Sicher, die Börsenmärkte sind seit einer ungewöhnlich langen Zeitspanne stabil, sogar überaus günstig, aber die neuen Aktionäre scheinen sich nicht vorstellen zu können, wie empfindlich das spekulative Finanzsystem ist. Man wagt sich das Desaster, die Panik nicht vorzustellen, die durch plötzliche negative Entwicklungen dieser flüchtigen Kurse ausgelöst werden könnten, geschweige denn durch einen Börsenkrach.

Es geht hier nicht um »Antiamerikanismus«, ob primitiv oder nicht. Es geht um die Herrschaft des Ultra-

8 *Le Monde*, 22. Oktober 1999.

liberalismus, die dieses Land und dieses so faszinierende Volk als erstes heimgesucht hat. Die Amerikaner besitzen eine beispiellose Frische und Energie und werden vielleicht auch die ersten sein, denen es gelingt, sich wieder davon zu befreien.

Aber ich möchte ein paar Zahlen nennen, die dem vom Entwicklungsprogramm der Vereinten Nationen (UNDP) herausgegebenen *Human Development Report* von 1998[9] entnommen sind.

Wie hoch ist, diesem Bericht nach, der Prozentsatz der Bevölkerung, der in Frankreich unterhalb der finanziellen Armutsgrenze lebt? 7,5 %. In den Vereinigten Staaten liegt er bei 19,1 %.

Unter den siebzehn Industrienationen, die in dieser Statistik behandelt werden[10], stehen die Vereinigten Staaten – und zwar mit Abstand – an der Spitze hinsichtlich der Zahl der Menschen, die unterhalb der Armutsgrenze leben. Dahinter kommt Großbritannien, und zwar mit 13,5 %! Dieses Großbritannien, das doch ebenfalls gerne als Garten Eden dargestellt wird und dessen Premierminister, der Labourführer Tony Blair, nicht zögert zu erklären – eine solche Aussage muß man nach der Ära Thatcher erst einmal wagen! –, daß man nun »Schluß mit dieser Kultur der Beihilfen« machen müsse und er dies auch tun werde, womit er das Echo von Bill Clinton bildet, der »das Ende der Sozialhilfe, wie wir sie ken-

9 *Human Development Report*, publ. for the United Nations Development Programme, Oxford (Oxford University Press) 1998.

10 Schweden, Niederlande, Deutschland, Norwegen, Italien, Finnland, Frankreich, Japan, Dänemark, Kanada, Belgien, Australien, Neuseeland, Spanien, Großbritannien, Irland, die Vereinigten Staaten.

nen«, verkündet (die wahrlich schon nichts Pharaonisches hatte!).

Den USA die Goldmedaille, Großbritannien Silber – in Sachen Armut! Daß man uns bloß nicht mehr bei jeder Gelegenheit von Wohlstand und Freude erzählt, die bei diesen Vorreitern des Ultraliberalismus angeblich herrschen! Sonst hieße das wohl, daß man die Benachteiligtesten unter ihnen aus der Menschheit gestrichen hätte.

Großbritannien, das zwölf Millionen Menschen zählt, die unterhalb der Armutsgrenze leben – die wichtigste Ursache dieses Elends ist dabei der Verlust der Arbeit –, das aber dessenungeachtet als Beispiel für ein Land ohne Arbeitslosigkeit angeführt wird! Großbritannien, wo mehr als eine Million Arbeitslose als arbeitsunfähig eingestuft werden, um die Arbeitslosenlisten zu schönen! Wo Kündigungsschutz praktisch nicht existiert und die Arbeitsgesetze vorsintflutlich sind. So gibt es bis zum heutigen Tag keinen gesetzlichen Anspruch auf bezahlten Urlaub: Dieser hängt ganz vom Belieben des Arbeitgebers ab, der ihn auch verweigern kann. Eine Entlassung kann bereits unmittelbar nach einer Einstellung erfolgen. Das einst bemerkenswerte Gesundheitswesen befindet sich in einem derartigen Verfallszustand, daß monatelange Wartezeiten vor Operationen üblich sind, daß einer Wöchnerin mangels Personal und Betten unter Umständen nur sechs Stunden Krankenhausaufenthalt gewährt werden und daß Krankenhäuser schon Angehörige von Patienten gebeten haben, zu putzen. Doch wird die längere Lebenszeit berücksichtigt: Ab siebzig Jahren wird jeder für alt genug befunden, um als unrentabel weggeworfen zu werden; und wenn er nicht über die finanziellen Mittel verfügt, aufwendigere Maßnahmen und Untersuchungen selbst zu bezahlen, bleiben sie ihm eben versagt.

In Frankreich erklären 140 000 Beschäftigungslose, daß sie sich nicht arbeitslos gemeldet haben, weil sie die Hoffnung aufgegeben haben. In Großbritannien sind es 837 000.

Ein Sechstel der Arbeitsplätze in Frankreich sind Teilzeitarbeitsplätze, gegen *ein Viertel* in Großbritannien. Die Zahl der Vollzeitarbeitsplätze ist in beiden Ländern ungefähr gleich.

Zu den niedrigen Arbeitslosenstatistiken jenseits des Ärmelkanals tragen drakonische Bedingungen für die Arbeitslosmeldung ebenso bei wie – wenn man einmal aufgenommen wurde – die niedrigen Zahlungen.

Um auf den Bericht des UNDP zurückzukommen: Wie steht es um die »Armut der Menschen«, zu der die finanzielle Armut, von der oben die Rede war, gehört, aber auch andere Variablen, wie zum Beispiel die Analphabetenrate, die Langzeitarbeitslosigkeit, die Überlebenschancen? Nun, auch da gebührt den Vereinigten Staaten mit 16,5 % die Goldmedaille. Großbritannien bekommt mit 15 % nur Bronze, Silber geht an Irland: 15,2 %. Frankreich? Weit abgeschlagen mit 11,8 %.

Sobald es jedoch um Langzeitarbeitslosigkeit geht, dreht sich alles um, und von den siebzehn behandelten Industrienationen weisen die Vereinigten Staaten den niedrigsten Prozentsatz auf: 0,5 %! Die Diskrepanz zwischen dieser winzigen Zahl von Langzeitarbeitslosen und einem enormen Prozentsatz an Elend und sozialer Vernachlässigung, bei weitem dem höchsten unter den »entwickelten Ländern«, springt ins Auge.

So ist *die weltgrößte Wirtschaftsnation unter den industrialisierten Ländern zugleich die erste hinsichtlich der relativen Armut ihrer Bevölkerung.* Das gibt doch zu denken, was die Bedeutung, Qualität und Beschaffenheit dieser

Weltwirtschaft angeht! Insbesondere die ultraliberale Wirtschaft in den Vereinigten Staaten.

Man sieht, wie stark die propagandistische Vergiftung ist und wie entscheidend es ist, keines der Propagandaklischees hinzunehmen. Wenn vom Elend in den Vereinigten Staaten die Rede ist, so bedeutet dessen ebenso kräftiges wie allgemeines Leugnen nur, daß es als belangloses Detail angesehen wird. Besser, man weiß auch, daß sich immer jemand finden wird, der die Schultern zuckt und – wenn er die Feststellung nicht zurückweisen kann – behauptet: »Na ja, schön und gut, aber seit der letzten Woche ist das vollkommen überholt. Ich weiß Bescheid und kann Ihnen heute sagen ...« Aber er wird nichts hinzufügen – nichts Präzises, außer dem, was er glauben oder anderen weismachen will, um das, was er nicht widerlegen kann, doch in Frage zu stellen.

Wie ist es aber zu erklären, daß in den Vereinigten Staaten ein so niedriger, verschwindend geringer Anteil an Langzeitarbeitslosen mit einem so erschreckenden Maß an Armut einhergeht? Wird nicht in Zusammenhang mit der Arbeitslosigkeit vor allem Armut beklagt? Wie soll man dieses Elend, ein so verheerendes Zeichen, und diesen gleichzeitigen, im Prinzip positiven Befund einer Quasi-Nichtexistenz von Langzeitarbeitslosigkeit erklären? Es gibt zahlreiche Gründe dafür, die nicht in all den äußerst realitätsfernen Statistiken auftauchen.

Die durch das Elend hervorgerufenen Verwerfungen sind in den Vereinigten Staaten besonders brutal. Die soziale Ausgrenzung ist dort radikaler. In dieser sonst so faszinierenden Nation mit ihrer sprudelnden Dynamik wird das Leben rasch gefährlich. Wenn man finanziell nicht stabil ist, ist ein Absturz rasch endgültig, hat man einmal eine gewisse Schwelle überschritten.

In diesem so reichen Land, in dem die Vermögen immer ungeheurer werden, spielt die Sozialversicherung trotz der Anstrengungen mehrerer Präsidenten, darunter Bill Clinton, nur eine beschränkte Rolle: Alle sind gescheitert, besiegt von unterschiedlichen Lobbys, vor allem jener der privaten Versicherungen.[11] Das Gesundheitswesen ist in starkem Maße privatisiert. Krankheit kann in den Vereinigten Staaten sehr häufig rasch und irreversibel zur Ausgrenzung führen. Heilung hängt vom Zufall ab und von der individuellen Finanzkraft. Es ist in Krankenhäusern gängige Praxis, einen Patienten abzulehnen, selbst Unfallopfer, solange die Zahlungsfähigkeit des Betroffenen nicht garantiert ist. Das bedeutet, wenn auch keine vorsätzliche Tötung, so doch zumindest unterlassene Hilfeleistung.

Die Anzahl der Strafgefangenen (zwei Millionen) taucht natürlich nicht in den Arbeitslosenstatistiken auf. Die meisten, fast alle, gehören armen Minderheiten an; wären sie frei, würden sie zu den – eingetragenen oder nicht eingetragenen – Beschäftigungslosen gehören; sobald sie inhaftiert sind, erscheinen sie nicht mehr auf den Listen der Arbeitssuchenden.

Vor allem aber gibt es eine gewaltige Zahl von Männern und Frauen, die im Elend leben und sich zu entmutigt, zu erschöpft, zu ausgegrenzt fühlen, um sich als Arbeitslose registrieren zu lassen – um so mehr, als sie nur sehr wenig Arbeitslosengeld erhalten würden und dies auch nur für sehr kurze Zeit.

11 Und wir täten gut daran, uns zu erinnern, daß diese Lobbys in Frankreich seit langem auf diesen gigantischen Kuchen lauern, der ihnen entgeht; was daran liegt, daß das Gesundheits- wie das Rentensystem bei uns von der Gemeinschaft getragen wird.

Denn – und das ist wesentlich – diese geringen und kurzzeitigen Beihilfen sind zwar soziale Leistungen, auf die aber in diesem Schlaraffenland niemand mehr als fünf Jahre lang Anrecht hat (im Laufe seines gesamten Lebens). Man kann sich vorstellen, welche Sorgen der Entscheidung vorausgehen, solche Leistungen in Anspruch zu nehmen! Selbst wenn das Elend unerträglich wird, fragt man sich, ob man dieses Chagrinleder anbrechen soll. Riskiert man nicht, wenn man älter und schwächer geworden ist, seine fünf Jahre schon ausgeschöpft zu haben?

Hat man je an die menschlichen Zerstörungen gedacht, die diese Praxis verursacht? An die Leichtfertigkeit, an den Rückschritt, den eine solche Situation darstellt? An die Art und Weise, wie hier die Menschenrechte verhöhnt werden?

Eine ganze Wirtschaftsliteratur erklärt dies auf hochgelehrte Weise: Nichts ist so wirkungsvoll, um zu erreichen, daß sich jemand unterwirft und bereit ist, egal welche Arbeits- und Lebensbedingungen anzunehmen, so empörend sie auch sein mögen, wie ihm alles zu nehmen und ihn dann ganz legal beraubt, gedemütigt und hilflos aufzugeben. Energische Empfehlungen gehen offen in diese Richtung, sie kommen unter anderem von der OECD, dem IWF und der Weltbank.[12] Kann es eine bessere Methode geben, um »die Lohnkosten zu senken«, sich in glänzender Position dem Wettbewerb zu stellen und Gelder freizusetzen, um sie in weitere Spekulation zu investieren? Und um sich nicht länger um inzwischen überflüssig gewordenes menschliches Material sorgen zu müssen?

12 Siehe *Der Terror der Ökonomie*, Wien 1997, S. 131-135.

Alles ist perfekt (man könnte sagen mit großer Offenheit) organisiert, und zwar nicht, um »Anreize« zur Arbeit zu geben, wie mit beleidigender Selbstgefälligkeit vorgegeben wird, sondern um jene, die völlig mittellos sind, denen alle Würde und jedes Recht abgesprochen wird, zur Unterwerfung zu zwingen, dazu, ganz egal welche Aufgabe zu egal welchem Lohn für egal welche Zeit anzunehmen, wie kurz auch immer, unter welchen Bedingungen auch immer. Wenn man heute Menschen, die man für unrentabel hält, nicht loswerden kann, so ist es nur gerecht – das ist doch das mindeste –, sie zu benutzen!

Daher kommen die *working poor*, ein in den Vereinigten Staaten erfundener Begriff, der genau ausdrückt, was er bedeutet: Es ist dort nicht ungewöhnlich, unterhalb der Armutsschwelle zu leben, *selbst wenn man arbeitet* – also ohne in den Arbeitslosenstatistiken aufzutauchen. Eine Situation, die sich endlos fortsetzen kann, unter anderem dank der unsicheren Beschäftigungsverhältnisse, welche die Angst vor dem Verlust der Arbeit und die durch ständige Suche nach Arbeit bewirkte Sorge anheizen und Solidarität unter den Arbeitenden verhindern – die nicht möglich ist, wenn man sich in einer derart bedrängten Situation befindet, die zu Isolierung und manchmal auch zum Verlust beruflicher Fähigkeiten führt. Eine Situation, die paradoxerweise viele Arbeitnehmer in unsicheren Beschäftigungsverhältnissen dazu bringt, sich gleichzeitig mehrere dieser so schlecht entlohnten Beschäftigungen zu suchen, damit sie, um den Preis einer enormen Belastung, gerade so über die Runden kommen können.

Aber dazu muß man nicht einmal zur Teilzeitarbeit Zuflucht nehmen: Schon Vollzeitstellen können arm machen. In einem in *Le Monde* erschienenen Gespräch[13] betont Robert Reich, der von 1993 bis 1996 während der ersten Amtszeit von Präsident Clinton Arbeitsminister war:

»Es gibt [in den Vereinigten Staaten] eine Kategorie von Erwerbstätigen, die Vollzeit arbeiten und nicht genug verdienen, um aus dem Elend herauszukommen. Zu diesen *working poor* gehören zwölf Millionen Menschen. Diese Situation, die ich als nicht hinnehmbar ansehe, ist die direkte Konsequenz der Flexibilität, die den Unternehmen und nicht den Beschäftigten gewährt wurde [...]. Die Europäer sollten die verborgene Seite des amerikanischen Erfolgs kennen: mehr Unsicherheit, viele Stellen zu Elendslöhnen und eine Ungleichheit, die sich zwischen einer Masse verarmender Beschäftigter und einer Minderheit, die sich immer schneller und schneller bereichert, auftut.«

Man kann sich vorstellen, in welchem Maße es den Arbeitslosen in den Vereinigten Staaten an »Mitteln« fehlt, auf lange Dauer Arbeitslose zu bleiben; ihre einzige Wahl besteht darin, entweder derartig im Elend zu versinken, daß sie es aufgeben, wieder daraus hervorzukommen, oder aber egal welche Arbeit zu akzeptieren, und zwar zu Bedingungen, die anderswo häufig für inakzeptabel gehalten würden, besonders in Frankreich. Wie fern ist die »freie Wahl des Berufs«, wie sie die Menschenrechtserklärung fordert!

Wo aber von Freiheit oder von Wahl nicht einmal mehr die Rede ist, taucht in den Vereinigten Staaten das

13 *Le Monde*, 7. September 1999. Robert Reich ist der Verfasser von *Die neue Weltwirtschaft: das Ende der nationalen Ökonomie*, Frankfurt/M., Berlin 1993.

workfare auf – und verbreitet sich auch anderswo, vor allem in Kanada, Großbritannien, Neuseeland. Es ist eines der gravierendsten Phänomene unserer Zeit, das sich praktisch unbemerkt entwickelt hat.

Hier begnügt sich das System nicht mehr damit, Menschen implizit zu verpflichten, jede Arbeit anzunehmen: Es zwingt sie unverhüllt dazu.

Was ist *workfare*? Zunächst schüchtern von dem republikanischen Präsidenten Reagan mit dem *Family Support Act* initiiert, hat es seinen wahren Charakter mit dem *Responsibility and Work Opportunity Act* angenommen, der am 31. Juli 1996 von dem demokratischen Präsidenten Clinton eingeführt wurde. Man sieht dabei: Unter der herrschenden Ideologie läßt deren Logik den politischen Führern kaum Handlungsspielraum, aus welchem politischen Lager sie auch kommen.

Das, was man bislang als *welfare* bezeichnete, den »Preis des Wohlstands«, anders gesagt, Sozialhilfe, wird durch das *workfare* ersetzt, das heißt den »Tarif der Arbeit«, gemeint ist allerdings eine Zwangsarbeit. Wer nicht arbeitet, wird nach einer gewissen Zeit bestraft, indem ihm die Sozialhilfe entzogen wird. Das richtet sich an die Arbeitslosen, die allesamt als verantwortlich für ihren Zustand angesehen werden. Der uneingeschränkte soziale Schutz, der von der Wiege bis zum Grab den Schwächsten die schlimmsten Nöte ersparen und ihnen ein anständiges Leben garantieren sollte, ist vergessen.

Hat man in den Vereinigten Staaten in seinem gesamten Leben nur fünf Jahre Anrecht auf soziale Unterstützung, so gelten selbst diese so »großzügig« gewährten fünf Jahre nicht ohne Einschränkungen: Nach zwei Jahren Arbeitslosigkeit ist die Zahlung jeglicher sozialer Unterstützung, jeglicher Hilfe (damit man sie auch »verdient«)

davon abhängig, daß der »Berechtigte« eine beliebige Aufgabe annimmt, die ihm angeboten, also aufgezwungen wird, sei es durch den Staat, durch eine Gemeinde[14] oder *auch* durch die private Wirtschaft – und dies ganz unabhängig von der Art oder den zeitlichen und örtlichen Bedingungen dieser Arbeit oder der Bezahlung, wenn es sie denn gibt, da es sich ja um einen Austausch gegen die mageren Leistungen handelt, die sonst gestrichen werden.

Angesichts des Elends, das selbst bei Gewährung dieser Sozialhilfe erlitten wird, läuft dies – unter dem Deckmantel einer Schein-Wiedereingliederung in die Arbeitswelt – darauf hinaus, Arbeitslose dazu zu verurteilen, im Elend zu sterben, wenn sie sich nicht dem Zwang beugen. Genau das sind die »Zwangsarbeiten«, die »Knechtschaft«, welche die erste Version der Menschenrechtserklärung als Reaktion auf die Sklaverei verboten hatte.

Das *workfare* bestraft die Ärmsten und fügt ihrem Elend noch eine absolute Verachtung, den Beweis des absoluten »Nullwertes« ihrer Rechte, die Beraubung auch nur des kleinsten bißchen Respekts hinzu; ohne die geringsten Skrupel gelingt es diesem System, ihnen das abzunötigen, was man ihnen noch nehmen kann: ihre fast kostenlose Arbeitskraft. Eine offizielle Permissivität, die sich nahe der Sklaverei bewegt und die an Methoden der ehemaligen Sowjetunion denken läßt.

Die Leichtigkeit, mit der diese Unterwerfung der Ärm-

14 In San Francisco erhalten die Straßenkehrer, die zu den Bedingungen des *workfare* beschäftigt werden, nur ein Drittel des Gewerkschaftstarifs, und wenn sie bei Arbeitsbeginn morgens um sechs Uhr dreißig zehn Minuten zu spät kommen, so werden ihre Beihilfen um dreißig Tage gekürzt. (Ian Cotton, *The Guardian*, 29. Oktober 1999)

sten unter eine tyrannische Macht sich hat ausbreiten können, und das Fehlen jeder Besorgnis, das Ausbleiben jeder Reaktion, das Schweigen, in dem ein derartiger Anschlag gegen die Menschenrechte *andauern* kann, sind schwer zu verstehen und noch besorgniserregender als die Tatsachen an sich, denn wir befinden uns hier an den Grenzen zur Barbarei, dort, wo Menschen von anderen als Untermenschen behandelt werden.

Ist die Tatsache, daß das *workfare* nirgendwo auf der Welt Reaktionen oder Proteste auslöst, nicht ein positives Signal für jeden, der es eines Tages für richtig hielte, diese Unnützen, diese Parasiten in Reservate oder Lager einzupferchen? Verspricht dieses Ausbleiben einer Reaktion für diesen Fall nicht die nötige Gleichgültigkeit, wenn man sich dann nur diskret genug verhält und tugendhafte Rechtfertigungen vorbringt – falls es überhaupt noch nötig sein sollte, sich zu rechtfertigen?

Heute ist das kaum denkbar, aber morgen?

Um bis zu den rückschrittlichen Maßnahmen des *workfare* zu kommen, mußte das neue Regime alle Register ziehen. Eine seiner Strategien – und das ist keineswegs unbedeutend – besteht darin, den Begriff »Würde« mit dem der »Beschäftigung« zu koppeln; den Verlust der einen, der vermeintlich mit dem Verlust der anderen einhergeht, mit Anteilnahme zu begleiten, als ob Beschäftigung nicht ebenso ungeeignet wäre, Würde zu verleihen, wie die Abwesenheit von Beschäftigung, jemanden der Würde zu berauben. Als ob die Würde eines Menschen davon abhinge, ob er Arbeit hat oder nicht, und als ob ein bis dahin angesehener Mensch durch die Entlassung plötzlich zu einer »unwürdigen« Person würde, deren Ansehen einzig durch eine neue Arbeit, egal welcher Art, wiederhergestellt werden könnte. Der Gedanke ist absurd; in einer Zeit, in der Erpressung durch Arbeit bzw. Arbeitslosigkeit oder deren Drohung um sich greift und alltäglich wird, ist er gefährlich.

Wenn die Würde eines Mannes oder einer Frau tatsächlich davon abhinge, ob er oder sie eine Arbeit hat oder nicht, wäre sie nicht viel wert. Die Würde eines Menschen besteht darin, ein Mensch zu sein. Sie ist ihm mitgegeben, und er kann sie nur aufgrund von bestimmten materiellen oder immateriellen Tatsachen einbüßen, zu denen Arbeitslosigkeit jedenfalls nicht gehört.

Wie viele Arbeitslose sind an dem Gedanken, vermeintlich »unnütz« zu sein, schon zerbrochen, wie viele fühlen sich, insbesondere gegenüber ihren Kindern, erniedrigt. Und wie viele Verantwortliche erklären, oft in gutem Glauben, ihnen mit einem Arbeitsplatz zuallererst ihre »verlorene Würde«, ihr »Selbstwertgefühl« wiedergeben zu wollen.

Arbeitslosigkeit als Degradierung darzustellen oder erscheinen zu lassen, hat etwas Demagogisches, Populistisches, stößt diese Propaganda doch auf nur allzuviel Zustimmung. Einen Arbeitslosen zu verachten, das ermöglicht nicht nur, sich der eigenen Schuldgefühle zu entledigen, sondern auch, sich einer höheren, geschützten Gattung zugehörig zu fühlen und sich der Illusion hinzugeben, daß man sich mit dem Leid des Arbeitslosen zugleich die immer drohende und gefürchtete Arbeitslosigkeit selbst vom Leib halten könne.

Was aber ist mit den Kindern entlassener Arbeitnehmer, die plötzlich entdecken, daß ihre Eltern als würdelos gelten, und sich daraufhin selbst für würdelos halten? Müssen diejenigen, die ihre Eltern immer zur Arbeit gehen sahen, diese auf einmal für entehrt halten, weil es einem Unternehmen, das zu Umstrukturierungsmaßnahmen gezwungen war, gefallen hat, sie zu feuern? Die Kinder wiederum, die ihre Eltern immer oder fast immer in »Geldverlegenheit«, wie es so schön heißt, erlebten und sie ratlos, wegen ihrer Arbeitslosigkeit ins Abseits gestellt sahen, wissen, daß sie in derselben Falle sitzen, daß ihnen laut Statistik das gleiche Schicksal droht. Die Entwürdigung, die sie der Armut ihrer Familie, häufig ihrem Viertel, manchmal ihrer Hautfarbe verdanken, ist ihnen bereits auf die Stirn geschrieben. Wenn sie sich dann ihrer Entwürdigung wirklich würdig erweisen, macht das am Ende schon kaum mehr einen Unterschied.

Es ist bemerkenswert, daß von derart entwürdigten

Eltern erwartet wird, daß sie starken Einfluß auf ihre Kinder ausüben! Und daß man sich vornimmt, sie für jede »Ungehörigkeit« ihrer Sprößlinge vor Gericht zu zerren, um sie abstrafen zu können, indem man ihnen wenigstens einen Teil der Beihilfen streicht, die wie eine reine Goldader dargestellt werden.

Es wäre besser, man hörte auf, diese Eltern in Mißkredit zu bringen, sie bei jeder Gelegenheit zu verhöhnen, sie auszuschließen und vor den Augen ihrer Söhne und Töchter zu Parias herabzuwürdigen; und besonders im Falle von Nicht-Hellhäutigen wäre es besser, sie nicht automatisch zu duzen oder von vornherein mit Mißtrauen zu betrachten. Ist es denn wirklich Aufgabe derer, die von der Gesellschaft vor ihren Kindern so offen schlecht gemacht werden, diesen gegenüber eben diese Gesellschaft zu verkörpern? Ist es anständig, sie gerichtlich zu verfolgen und zu erpressen, wenn sie keine hervorragenden Pädagogen sind, was bekanntlich schon für Normalsterbliche schwierig ist?

Die Wahrheit ist, daß der Zusammenhalt dieser Familien oft sehr wertvoll ist, die Familienbande stark sind[15], aber nicht mit der gewünschten Autorität einhergehen, was natürlich ist, wenn diese den betroffenen Eltern überall sonst abgesprochen wird und die Öffentlichkeit sie mit Verachtung straft. Für Kinder ist es noch entmutigender und besonders schmerzlich mit anzusehen, daß die Instanzen Vater oder Mutter respektlos behandelt wer-

15 In Radio Notre-Dame läuft sonntagmorgens eine sehr lehrreiche Sendung, in der Familien und Freunde die Gelegenheit haben, zu ihren Angehörigen im Gefängnis zu sprechen (die natürlich nicht antworten können). Wenn man sich auf diese Lebensgeschichten einläßt, findet man Äußerungen von beneidenswerter Treue, Zärtlichkeit und Achtung.

den. Welche Hoffnung sollen Kinder aus einer Familie, die als unwürdig gilt, für sich selbst hegen?

Mit dieser Pädagogik der Verachtung nehmen alle Grausamkeiten ihren Anfang. Eine einfache Falle, begünstigt durch viele gesellschaftliche und ethnische Gegensätze.

Mit am schädlichsten ist die weiter bestehende, inzwischen stark forcierte Kluft zwischen Erwerbstätigen und Arbeitslosen – als wäre sie ganz selbstverständlich. Tatsächlich scheint nicht nur eine Solidarisierung zwischen Arbeitnehmern und Arbeitslosen dringend notwendig, sondern auch das beiderseitige Bewußtsein, daß es keine Grenze zwischen ihnen gibt. Ob man von Arbeitslosigkeit bedroht wird, mit ihr geschlagen ist oder auf dem Abstellgleis steht, es besteht Veranlassung, sich sehr genau anzusehen, was die Arbeitslosigkeit alles zuläßt und was der Gemeinschaft schadet, ohne dabei zu vergessen, daß die Wege von Erwerbstätigen und Arbeitslosen sich kreuzen, daß sie in einer gemeinsamen Geschichte Plätze und Rollen tauschen – und das so sehr, daß die bis jetzt verschonten privilegierten Schichten, die führenden Mitarbeiter von heute bereits wissen, daß sie nicht mehr geschützt sind. Und ihre Kinder noch weniger.

Wie viele Erwerbstätige leben in dem Gefühl, sie hätten nur noch eine Galgenfrist, bis die Arbeitslosigkeit über sie hereinbricht (und so werden sie auch behandelt), wie viele sind gezwungen, alle Arbeitsbedingungen zu akzeptieren, befinden sich in unsicheren Beschäftigungsverhältnissen, sind teilzeitbeschäftigt, unterbezahlt? Zumindest in ihrer Vorstellung hängt über den meisten Menschen ein solches Damoklesschwert, und diese Bedrohung wird ausgenutzt. Diejenigen, die eine Arbeit haben, sind um so verwundbarer, um so leichter zu verbiegen, zu Frondiensten abzustellen und zu feuern, je mehr sich die Lage derer verschlimmert, denen die Arbeit genommen wurde.

Daß dies insbesondere von den Gewerkschaften und auch auf internationaler Ebene nicht wirklich bedacht wird, ist mehr als erstaunlich. Es scheint doch offensichtlich, daß alle diese – wandelbaren – Gruppen sich zusammenschließen müßten, daß ihre Uneinigkeit einem Regime in die Hände spielt, das die Arbeitslosigkeit oder vielmehr deren Auswirkungen aufrechterhält, während die Regierungen, die selbst von ihm beherrscht werden, so tun, als versuchten sie, der Arbeitslosigkeit Einhalt zu gebieten. Ein gemeinsames »Nein« würde das ganze Ausmaß dessen zeigen, was auf dem Spiel steht, und auch das Ausmaß der beteiligten Kräfte. Das beste und zweifellos einzige Mittel, diese Situation zu beenden, ist der gemeinsame Kampf unter der gemeinsamen internationalen Devise: »Arbeiter, Arbeitslose – derselbe Kampf!«

Die Kundgebungen der Arbeitslosen 1997 in Frankreich und dann in Deutschland waren ein historisches Ereignis. In diesen Kundgebungen artikulierten sich der Widerstand gegen jene immer weniger akzeptierte unsinnige Erniedrigung und die vernünftigen Forderungen solidarischer, entschlossener Männer und Frauen. Unter ihnen fehlten allerdings meistens die Arbeiter, Angestellten und der Großteil der Gewerkschaften.[16] Ihr Platz, so scheint es, wäre jedoch genau dort gewesen – ebenso wie der Platz der Arbeitslosen bei den Erwerbstätigen wäre. Ohne daß die einen als eine Belastung für die anderen angesehen würden.

Dies müßte zum Ausdruck einer festen Überzeugung werden, eines beharrlichen Willens zum Zusammen-

16 In Frankreich schloß sich lediglich die CGT an.

schluß, und zwar, um es noch einmal zu sagen, auf internationaler Ebene. Warum zulassen, daß nur die Privatwirtschaft sich zusammenschließt, trotz ihrer vorgeblichen Konkurrenz? Warum zulassen, daß nur sie eine *Internationale* singt? Sogar herausschreit!

Wie lange noch werden die Arbeitslosen, aber auch Erwerbstätige sich in unsicherer Lage befinden, und Arme (die häufig arbeiten) von allen anderen ins Abseits gestellt? Wie lange noch sollen sie sich mit Luftschlössern zufriedengeben, wie lange noch wird das Ignorieren ihrer *gegenwärtigen* Lage geduldet: die Lage von *Millionen* von Menschen, die sich zum Klang vager Versprechungen abquälen? Und – zum wiederholten Mal – wie lange wird der Begriff »Arbeitslosigkeit«, an dem um jeden Preis festgehalten wird, offizielles Zeichen der Erniedrigung bleiben? Wie lange wird die Entschädigung, die den Arbeitslosen gezahlt werden muß[17] – und sei es nur, um den Menschenrechten Folge zu leisten – noch als beschämende »Beihilfe« dargestellt, für die die anderen Bürger aufkommen müssen, während der Staat, großzügig bis zur Verschwendung, Manna über die Gebrechlichen, Faulenzer oder Schwächlinge regnen läßt, die nicht in der Lage sind, sich wie Erwachsene selbst zu helfen? Die, kurz gesagt, unwürdig sind und den Verlust ihrer Selbstachtung verdienen?

Und, als Zugabe, manchmal auch noch den ihrer Wohnung?

Als in Frankreich im August 1999 ein Haushaltsüber-

17 Eine noch dazu knauserige Entschädigung, aber luxuriös angesichts derjenigen, die Arbeitslosen anderswo zukommt, beispielsweise in den angelsächsischen Ländern (oder ihnen verweigert wird).

schuß die Möglichkeit geboten hätte, eine Reihe dringender Maßnahmen einzuleiten – an vorderster Stelle beispielsweise die Steigerung der sozialen Mindestleistungen, ein Anrecht auch der unter Fünfundzwanzigjährigen auf Sozialhilfe, die allgemeine Abschaffung der Mehrwertsteuer – erhielten ganz andere Vorschläge den Vorzug. Man hörte Erklärungen wie folgende: »Man muß wissen, ob man eine Sozialhilfegesellschaft oder eine Arbeitsgesellschaft will! Arbeit für alle ist besser!«[18] Nicht einmal »*wäre* besser«!

Ist man sich bewußt, wie beleidigend es für jene Arbeitslosen, die Unterstützung erhalten, ist, wenn man ihnen in einer Zeit, in der die Gesellschaft außerstande ist, ihnen Arbeit anzubieten, auf die sie ein Recht haben (so wie sie auch außerstande ist, sich eine andere Art vorzustellen, anständig zu leben oder auch nur seinen Lebensunterhalt zu verdienen), lediglich – und mit welcher Verachtung – eine ungenügende und außerdem stetig abnehmende Entschädigung zugesteht, die womöglich mit dem »Ende des Leistungsanspruchs« aufhört? Eine derart rückständige Gesellschaft (so rückständig wie überall auf der Welt, aber doch noch etwas weniger rückständig als manche andere) könnte sich wenigstens bescheiden zeigen und sich dafür einsetzen, der so weit verbreiteten, unmittelbaren, greifbaren Not, für die *sie* verantwortlich ist, für die wir alle verantwortlich sind, Einhalt zu gebieten, wenn sie schon kein Gegenmittel kennt. Statt mit der Ausrede zu kommen, es wäre besser, es geschähe etwas, was sie dann ja doch nicht bewirken kann. Sie sollte die Leidenden nicht mehr bitten, sich zu gedulden, doch im Namen der »Modernität« »realistisch« zu sein. Und optimistisch!

18 *France Info*, 20. August 1999.

Beruhigen wir uns: Der fragliche Überschuß wurde nicht verschleudert; er floß in vernünftige, gezielte Maßnahmen für die verdienstvollen Schichten und beschränkte sich auf eine Senkung der Mehrwertsteuer (von 20 auf 5 Prozent) in einem einzigen Bereich: der Wohnbausanierung, die sich vermeintlich günstig auf den Arbeitsmarkt auswirken würde und außerdem höchst vorteilhaft für die Wohlhabenden oder Reichen wäre. Die Millionen von Arbeitslosen, die in Schwierigkeiten stecken, wußten zu würdigen, welche Ersparnisse sie hätten machen können, wenn sie – kaum in der Lage, ihre Wohnungen zu halten –, noch zusätzliche Mittel gehabt hätten, um sie aufzuwerten! Vor allem die 600 000 Obdachlosen müssen sich gefreut haben, in ihre Kartonunterkünfte billig Zentralheizungen installieren, die Bürgersteige mit Teppichboden auslegen oder ihre Metrostationen neu streichen zu können. Es kommt noch besser: Auch von der anderen diesem Überschuß zu verdankenden Maßnahme konnten sie profitieren: der Abschaffung einer Steuer auf Immobilientransaktionen, dank derer sie – wären sie auf die Idee gekommen, die Brücke, die allein ihnen Schutz bietet, zu kaufen – diese kleine Verrücktheit weniger teuer zu stehen gekommen wäre.

Wer sagt, er wolle die Arbeitslosen eines Tages vom Wachstum »profitieren« lassen, indem er sie – unter dem Vorwand, sich voll und ganz auf künftige Statistiken, auf irgendwelche wer weiß wann stattfindenden Arbeitsbeschaffungsmaßnahmen zu konzentrieren – ihrer unmittelbaren Not überläßt, die mit der Zeit immer schlimmer wird und ihr Leben ruiniert, über den dürfte man Tränen lachen, wenn man nicht im Grunde weinen müßte.

Sicher, die Anstrengungen, die unternommen wurden, um die Lage halbwegs zu meistern und die Arbeitslosigkeit zu verringern, sind unbedingt notwendig und willkommen. Es lohnt sich immer, tausende und abertausende Male zu versuchen, wenigstens einer verschwindend geringen Anzahl von Personen aus der Arbeitslosigkeit herauszuhelfen – und sei es nur eine einzige und das ohne Erfolgsgarantie –, doch darf dies weder als Vorwand dienen, alle anderen ihrem Schicksal zu überlassen, sie »im Wartezustand« zu halten, noch als Vorwand, die Rahmenbedingungen der Beschäftigung auszuhöhlen und auf immer niedrigerem Niveau anzusetzen: So ist es inzwischen gang und gäbe, daß die Löhne und Arbeitsbedingungen von neu eingestellten Arbeitskräften sehr viel schlechter sind als die ihrer Vorgänger.

Wortreiche Versprechungen einer Gesundung der Wirtschaft (von unten) lenken die Aufmerksamkeit erfolgreich von Börsengewinnen, Vermögen und Strategien ab, die auf diesen Ungleichgewichten basieren. Dieser Eifer, eine bereits desaströse Situation noch zu verschlimmern, äußert sich zunächst im Schutz dessen, was diese Situation erzeugt; es geht vor allem darum, Finanzmittel, bestimmte Prioritäten und das Funktionieren dessen sicherzustellen, was diesen Schutz bewirkt – die Bestandteile eines Herrschaftssystems, das sich ohne großen Aufwand an Mitteln etablieren konnte.

Die gegenwärtig herrschende Ideologie hat eine Menge zu verlieren, wenn die Beschäftigungsfrage nüchtern analysiert und, statt auf die gängigen Forderungen und Klischees zurückzugreifen, als allererstes die Frage gestellt wird: Wieso ist die Erwerbsarbeit endgültig nicht mehr in der Lage, ihre Aufgaben zu erfüllen, selbst dann nicht, wenn es sie in belegbaren Zahlen in den Statistiken gibt? Wieso ist ein Arbeitgeber, obwohl er seine Rolle mangels Beschäftigung nicht mehr erfüllt (und vor allem nicht mehr wahrnimmt) in einer so geschützten Position? Wieso ist das Gros der Menschen mehr denn je gehalten, sich nach den Ursachen der Not und des Verfalls der Erwerbsarbeit zu richten, während umgekehrt diese Ursachen niemals ausgeräumt oder so modifiziert wurden, daß sie den Menschen entsprechen? Was ist der wahre Grund für jene geradezu abergläubische Besessenheit, der Erwerbsarbeit noch immer denselben Rang einzuräumen, während die Opfer, die hinsichtlich ihrer Bezahlung und Qualität gebracht werden müssen und die zur Passivität führen, vor allem die Strukturen einer Gesellschaft zerstören und sie auf ein immer tieferes Niveau herabsinken lassen?

Zweifellos würden die Antworten dazu führen, sich nicht mehr auf die Restauration einer vergangenen Epoche zu versteifen, sondern dem zu ebendiesem Zweck gegenwärtig herrschenden Chaos aus falschen Fährten, Tricks und Propaganda eine Absage zu erteilen.

Ein solcher Wandel würde akzeptiert, wäre aber – so grausam und ungerecht die Gesellschaft, die wir hinter uns lassen, auch war – für niemanden leicht. Und würde uns auch nicht leichter gemacht! Selbst die Allerjüngsten leben im Glauben an überholte Maßstäbe, die häufig bis ins 19. Jahrhundert zurückreichen und heute wieder zu Symbolen der Modernität geworden sind.

Kaum ist Beschäftigung unerreichbar, wird die Erinnerung daran seltsam. Die Härte, ja Grausamkeit, die sie darstellte, wird nicht mehr gesehen: Dies ist einer der Siege einer Ideologie, die bedingungslose Zustimmung voraussetzt, wie es sie bisher wohl nur in den Kolonien gab.

Doch die Bedeutung von Beschäftigung für das Überleben oder als einziger Zugang zu einem annehmbaren Leben, als *conditio sine qua non* für das Recht auf Achtung, verschwindet nicht mit ihrem Niedergang, sondern bleibt immer einziger Bezugspunkt. Selbst bei gänzlich anderen Kräfteverhältnissen gelangen wir hier immer an denselben Punkt: eine veraltete Vorstellung, die es ermöglicht, sich der Passivität der großen Masse zu versichern.

Nun wird diese Vorstellung und ihr ultraliberaler Kontext von erheblich mehr Menschen angefochten, als es scheint, und zwar in allen Ländern. Ohne Zweifel von einer Mehrheit.

Die politische Klasse fürchtet zu Unrecht, den Menschen durch die öffentliche Anerkennung der Realität angst zu machen. Ist sie sich nicht klar darüber, daß die Zahl derjenigen, die sich dieser Realität bewußt sind und ihr bewußt die Stirn bieten, beträchtlich ist? Diese Menschen haben keine Angst: Sie sind *empört*.

Sie empfinden ein Gefühl der Befreiung, wenn sie die besagte, vermeintlich beruhigende, tatsächlich aber beängstigende Vorstellung widerlegen können – und ihre Hoffnung gründet sich darauf, daß ihre gemeinsame Sorge nichts mit Angst zu tun hat, sondern im Gegenteil von Mut zeugt, dem Mut, wider alle Tarnmanöver klar sehen zu wollen und sich eine tiefgreifende Beunruhigung erstmals einzugestehen, die leider nur allzuoft begründet ist. Man wünschte sich, daß diese Unruhe auch von den offiziell mit dem Thema Arbeit befaßten Leuten berücksichtigt würde, und so warten wir auf Äußerungen dazu statt der immergleichen Anspielungen auf ein schwindelerregendes Wachstum, das nichts an der Situation ändert, laufend mit Entlassungen einhergeht und das *workfare* nicht verhindert, sondern schafft.

Auch wenn der gegenwärtige Widerstand noch nicht deutlicher zum Ausdruck gekommen und noch kaum offiziell vertreten ist, gibt es einen beeindruckenden Willen zur Opposition. Ich bin ihm im Verlauf vieler Diskussionen in Frankreich und anderen Ländern begegnet, bei Tausenden und Abertausenden Männern und Frauen jeden Alters und aus allen Schichten, die diese Fragen sehr informiert, sehr reflektiert und sachkundig angingen und die ich für ihren Mut bewundere, mit dem sie nicht die Augen verschließen und seit langem kämpfen. Für sie war es beruhigend, darüber sprechen zu können und zu entdecken, daß sie so zahlreich sind: Sie brauchen sich in ihrer Entschlossenheit, Widerstand zu leisten, nicht isoliert zu fühlen.

Ich erinnere mich, daß Anfang Herbst 1997, als ich aus Südamerika und Deutschland zurückkam, Journalisten von mir wissen wollten, inwiefern die Fragen und Reaktionen in den von mir besuchten Ländern sich unterschieden hätten. Mir wurde damals klar, daß es bei all den sehr unterschiedlichen Menschen keinen Unterschied gegeben hatte, abgesehen von einigen unwichtigeren Punkten, die die lokalen Bedingungen betrafen. Fragen und Reaktionen waren überall ähnlich. Fast jedes Mal erhob sich zum Schluß jemand im Saal und erklärte bedächtig, daß man »Widerstand leisten« müsse, obwohl ich diesen Begriff nicht benutzt hatte. In Frankreich wurde manchmal die schöne Wendung benutzt: »In den Widerstand gehen«. Der ganze Saal applaudierte. Überall sahen wir uns als Untertanen des gleichen Systems, das durch das gleiche heimliche Regime gelenkt wird. Überall grassiert die gleiche ultraliberale Ideologie, überall erzeugt sie die gleichen Probleme, selbst wenn diese in den ärmeren Ländern von größerer Härte sind. Überall schien sich jeder des Ursprungs dieser Situation bewußt zu sein, des politischen Charakters der ökonomischen Macht, die solchen Schaden verursacht hat. Überall hatte ich den Eindruck, dieselbe lebhafte, jeweils auf die Umstände abgestimmte Verständigung über dieselbe Weigerung zu verfolgen.

Es gibt – global – eine öffentliche Meinung, eine Überzeugung, und dennoch fühlt jeder, der an ihr teilhat, sich tendenziell allein. Dieses Mißverständnis ist der springende Punkt. In der klaren Ablehnung einer gigantischen, effizienten, hinterhältigen Propaganda zeigt sich die geballte Kraft all derer, die man gerne in ihr Verderben treiben würde.

Sind wir uns dessen bewußt? Selbst wenn es mit der Erwerbsarbeit bergab geht oder sie verschwindet, ist mehr Arbeit denn je vorhanden. Sie müßte getan werden und bleibt ungetan, wird ignoriert, verboten oder sogar bewußt wegrationalisiert, als ob es zur Bekämpfung der Arbeitslosigkeit erforderlich wäre, nur jene Stellen wiederzubesetzen, die vom *Goodwill* oder von den Möglichkeiten der Unternehmen abhängen, die nicht mehr auf Erwerbsarbeit angewiesen sind – in einem System, das ausschließlich auf Rentabilität basiert, welche wiederum zumindest Einschränkungen in all jenen Bereichen fordert, ohne die eine Gesellschaft aber nicht auskommt. Die unentbehrlichsten Berufe gelten als überflüssig, überholt, ja sogar schädlich für den Haushalt, da sie in keinerlei Zusammenhang mit den horrenden Spekulationsgewinnen stehen.

Wozu folglich noch junge Leute in Berufen ausbilden, die als parasitär und zu kostspielig gelten? Andererseits – für was lassen sich diese Menschen verwenden? Selbst subventionierte Unternehmen stehlen sich aus der Verantwortung, wenn sie die Subventionen erst kassiert haben. Der öffentliche Sektor ist zu Einschränkungen gezwungen, zumindest ist er aufgefordert, diese vorzunehmen. Es bleibt die Aufgabe, die jungen Männer und Frauen am Übergang ins Berufsleben zu beschäftigen, und sei es nur, um sie ruhig und aus den offiziellen Arbeitslosenstatistiken herauszuhalten.

Daher die kleinen, hastig geschaffenen »Jobs«, die diesen Generationen angeboten werden, deren verheißungsvoll offene Zukunft so schnell verbaut ist. Man speist sie mit befristeten Praktika, unnützen Ausbildungen, Ersatzjobs ab, deren Anstößigkeit mit großspurigen Verbrämungen kaschiert wird.[19] Immer sind es miese Jobs für schlechtes Geld, die den jungen Leuten ihre kostbare Zeit stehlen, um die sie sich jedoch mangels einer Alternative prügeln, und dabei bestenfalls einer leeren Zukunft mit einem instabilen, ebenso unsicheren wie lächerlichen Lohn, einem Leben am Rande des Elends ins Auge sehen. Und einem Leben, das keine Selbständigkeit zuläßt.

Gibt es eine bessere »Ausbildung« als einen so »realistischen« Eintritt ins Leben? Wir scheinen dies als ein geringes, ja, in der Natur der Sache liegendes Übel anzusehen – so sehr geht der Niedergang des sozialen Lebens ohne weiteres als legitim durch und wird offiziell gebilligt. Und dieser Niedergang wird so wenig analysiert, daß er zugleich als das einzig Mögliche erscheint, als Folge von Verhängnissen einer unentrinnbaren Globalisierung und als zufällige, vorübergehende Erscheinung, als Zufallseffekt, der schnell abgehakt sein wird.

Bis dieser letzte, außerordentlich hypothetische Plan verwirklicht wird, wollen wir die Placebo-Jobs einer Betrachtung unterziehen: Entweder sind sie uninteressant, Zeitverschwendung für jedermann, Vergeudung, Alibi, oder sie haben einen Wert, einen Sinn. In diesem Fall

19 »Bevollmächtigter« von diesem, »Beauftragter« für jenes. Wer läßt sich angesichts eines Diplombiologen, der mangels Alternative etwa »Trennqualitäts-Manager« wird – sprich: Müllmann oder, wenn man so will, Mitarbeiter der Abfallwirtschaft –, noch graue Haare wachsen?

nehmen entweder unfähige Amateure – da billiger und vom Gesetz schlechter geschützt – den Platz von bereits arbeitslosen Fachleuten ein, oder die Stellen sind mit kompetenten Mitarbeitern besetzt, die nicht nur übers Ohr gehauen, sondern zynisch reingelegt, nicht nur schlecht bezahlt, sondern geschickt ausgebeutet werden, statt angemessen, dauerhaft und professionell beschäftigt und entlohnt zu werden.

Wie sollen sich diese jungen Leute, die bestenfalls unsicheren Scheinbeschäftigungen ausgeliefert sind, solidarisieren, wenn sie in einem beruflichen Niemandsland, in dieser Karikatur eines tätigen Lebens verstreut sind, für die von ihnen Dankbarkeit erwartet wird? Eine so widernatürliche Gestaltung der für ihr Leben entscheidenden Jahre, eine solche Verschwendung läßt uns taumeln! Und das noch mehr, wenn man bedenkt, aus welchem Leben man sie damit angeblich herausholt. Soviel Energie, so viele außer acht gelassenen Möglichkeiten, verwehrte Hoffnungen, die sich häufig in eine nutzlose und nostalgische Ehrfurcht vor der Erwerbsarbeit wandeln, jener Erwerbsarbeit, die den jungen Leuten permanent als einziges – früher klassisches – Modell angeboten und zugleich verweigert wird.

Angst und Leere, wie sie zuvor geherrscht haben, kehren am Ende jeder kurzen Arbeitserfahrung wieder. Mit dem einzigen Trost, daß die verrinnende Zeit, die die jungen Leute fünfundzwanzig Jahre alt werden läßt, ihnen dann das Recht auf Sozialhilfe beschert. Was wollen sie mehr bei solchen Aussichten?

Der erste kleine Job, den sie ergattern, wird als Wunder angesehen, jede Halbtagsstelle als seltenes Privileg, jeder unbefristete Vertrag als verrückter Traum. Es ist lange her, daß die Erwerbsarbeit, ihre Bedingungen, ja, ihr

Wesen ganz legitim Gegenstand der Kritik war und daß Forderungen gestellt werden konnten.

Und heute? Die programmierte Unterwerfung! Die versiegende Erwerbsarbeit wird heiliggesprochen, Flexibilität – vor allem des Rückgrats – gefordert. Das Risiko, eine Arbeit zu verlieren, keine zu finden oder wiederzufinden und unter Not und Ausgrenzung zu leiden, sind kaum Faktoren, die zum Umsturz führen, ebensowenig wie jenes Gefühl der Ohnmacht angesichts der Globalisierung, die einem göttlichen Willen zu entsprechen scheint, zu dessen Verwirklichung man beschämt reihum danke sagen sollte, überschwenglich danke für alles, was einen nicht auf der Stelle oder nicht vollständig zur Strecke bringt.

Und die Ausbildungsberufe? Sind eine fixe Idee aus einem anderen Zeitalter! In den Hintergrund gedrängt, wie eine ferne Erinnerung, ein aus der Mode gekommener Luxus, den sich nur noch einige Privilegierte erlauben können, die selbst immer weniger sicher sein können, daß sie davon auch profitieren, und die bereits schwanken.

Eine fixe Idee aus einem anderen Zeitalter? Eher eine Perversität unserer eigenen Zeit! Sie scheint so viele der in Hülle und Fülle vorhandenen Berufe vergessen zu haben, die vergeblich auf jugendliche Bewerber warten, aber auch auf Erwachsene, die daran gehindert werden, ihre Berufe auszuüben. Es handelt sich um verkannte, geschrumpfte oder wegrationalisierte Berufe und Stellen, die jedoch oft in entscheidenden Bereichen immense »Arbeits- und Beschäftigungspotentiale« darstellen, um den gängigen Jargon zu bedienen, aber unter einem fürchterlichen Personalmangel leiden – während zugleich die Arbeitslosigkeit beklagt wird, die Arbeitslosen übergangen werden, die Gesellschaft selbst aufgrund dieser Mißstände verkommt.

Es mangelt uns an Lehrkräften, selbst für die zu wenigen vorhandenen Klassen mit viel zu vielen Schülern; es fehlt an Richtern, Urkundsbeamten, Personal im Transportwesen, Gefängnisaufsehern, Polizisten; wir haben zu wenig Erzieher, Gewerbeaufsichtsbeamte, Museumswärter; es gibt zu wenig Krankenschwestern, und diese sind genauso skandalös unterbezahlt wie Erzieher und Beschäftigte in so vielen anderen, außerordentlich wichtigen Berufen. Es fehlt uns an Ärzten, Chirurgen, Geburtshelfern, Anästhesisten, Notärzten[20] in Krankenhäusern, die häufig unter genau diesem Vorwand geschlossen werden! Eine unendliche Liste von Tätigkeiten, Stellen, Beschäftigungen, unentbehrlichen Berufen von oft entscheidender Bedeutung, die dennoch gestrichen werden beziehungsweise unbesetzt bleiben, wobei zugleich die Fachleute ins Abseits gestellt und ihrer Arbeit beraubt werden. Während man beklagt, daß so vielen jungen Leuten die Arbeitslosigkeit droht, harren diese Berufe ihrer Ausübung. Zugleich werden die neu ins Erwerbsleben Drängenden bestenfalls zu unnützen Aufgaben ausgebildet.

Denn die ultraliberale Ideologie, die finanziell von den Massenentlassungen profitiert, fordert obendrein die Streichung existentiell wichtiger, bereits massiv unterbesetzter Stellen, und zwar im Namen einer drastischen Senkung der »öffentlichen Defizite«, die – man kann es nicht oft genug wiederholen – die einzigen wahren *Gewinne* der Gesellschaft sind. Dennoch sind solche beispielhaften Gewinne, mit denen allerdings keine Geschäfte zu machen

20 Von 1500 notwendigen und dringend verlangten Notärzten wurden in Frankfurt zuletzt 85 bewilligt.

und die nicht mit dem Vokabular der Spekulation kompatibel sind, in den Augen der Privatwirtschaft Verschwendung, es sind Ressourcen, die sich ihrem Streben nach Profit entziehen, einem Streben, das solche für »rückständig« gehaltenen »Verirrungen« zu behindern drohen. Tatsächlich geht es um einen Gewinn, der dem Leben aller, den künftigen Generationen, der Gesellschaft, der Zivilisation zugute kommt. Ein Gewinn, der insbesondere Menschen erreicht, die gewöhnlich keinen machen: ein Skandal in den Augen jener, denen beim Abräumen aller anderen »Gewinne« genau dieser durch die Lappen geht.

Sicher müssen die öffentlichen Ausgaben sorgfältig kontrolliert, im Anschluß daran aber öffentlich dargelegt werden, und zwar im Bestreben, die Geschäfte gut zu führen, nicht hysterisch, nicht in einem Klima der Hexenjagd.

Warum sollte man nicht die tatsächlichen Bedürfnisse der Gesellschaft in den Vordergrund rücken, zum Beispiel im Gesundheitswesen, und *von diesem Ausgangspunkt aus* den Haushalt ausarbeiten, ohne auszuschließen, daß es auch nötig sein könnte, die Ausgaben zu erhöhen? Eine Nation, die sich das nicht erlauben kann, darf einfach nicht als »blühend« gelten, sondern gehört erkennbar in die Kategorie der unterentwickelten Länder.

Eine anständige Gesellschaft dürfte diese Ausgaben weder fürchten noch sie verunglimpfen, sondern müßte sich im Gegenteil rühmen, ihre Angehörigen ganz allgemein von Möglichkeiten und Fortschritten profitieren zu lassen, insbesondere von medizinischen Fortschritten. Es ist ungesund und irrational, wegen dieser Ausgaben Reue zu empfinden, statt sich dazu zu beglückwünschen, oder sich mit Kürzungen zu brüsten, durch die lebenswichtige

Vorteile verlorengehen, statt stolz darauf zu sein, von ihnen Gebrauch zu machen.

Auf welchen Geisteszustand wurden wir, die politische Klasse und wir alle, getrimmt, um eine solche Verkehrung der Norm und einer gewissen einfachen Gerechtigkeit zu akzeptieren? Sind wir uns dieses Bankrotts bewußt? Woher sonst sollte die verrückte und fruchtlose Hochkonjunktur der Finanzmärkte und der Spekulation kommen? Ist es nötig, diese Einsparungen zugunsten einer solchen Verschwendung in Kauf zu nehmen? Werden für sie auch noch die künftigen Generationen leichtfertig geopfert? Ist das – unter dem Vorwand, Schulden zu tilgen – wirklich nötig? Schulden wem gegenüber? durch wen bewilligt? im Rahmen wovon? Könnten sie nicht getilgt oder verringert werden, ohne jemandem zu schaden außer den Profiteuren des Systems, die eben diese Lage der Dinge zu verantworten haben?

Um auszuschließen, daß kommende Generationen damit belastet werden, hat die Tilgung dieser Schulden, so wird uns versichert, oberste Priorität, dafür werden im gleichen Atemzug Erziehung, Gesundheit, Umwelt, die Kaufkraft dieser Generationen (wir haben gesehen, daß die Löhne von Neueinsteigern niedriger sind als die ihrer Vorgänger), aber auch Werte, Hoffnungen und die Zukunft geopfert, um ihnen ... ja, was eigentlich zu ersparen? Daß es einmal genau so weit kommen wird mit ihnen?

Gäbe es die Arbeitslosigkeit nicht, so würde das ultraliberale Regime sie erfinden. Sie ist für dieses Regime unerläßlich, denn sie ermöglicht der privaten Wirtschaft, die gesamte Bevölkerung unter ihrem Joch zu halten, während sie den sozialen »Zusammenhalt«, den Konsens aufrechterhält, das heißt die Unterwerfung.

Die Politik dieses Regimes tut also ihr Bestes, um den Begriff der Arbeitslosigkeit in einem Kontext beizubehalten, in dem er keinen Platz mehr hat und in dem sie bis auf wenige Ausnahmen jeden Menschen bedroht. Welcher Zwang könnte wirkungsvoller sein? Was könnte den »sozialen Frieden« besser garantieren?

Jedoch nur unter der Bedingung, daß die alte Wertordnung hinsichtlich Arbeitslosigkeit und Beschäftigung nicht erschüttert wird, daß die einen angeleitet werden, diese Ordnung zu ehren, auch wenn die anderen sie mit Füßen treten. Und nur unter der Bedingung, daß jede Sorge um jene, die unter dem Fortbestehen einer solchen Situation leiden, für rückständig gilt und jede Kritik an einer »Modernität« für haltlos, die darin besteht, daß Beschäftigung für die einen ebenso zentral bleibt, wie es der Profit für die anderen ist, jene, von denen sie abhängt – während Beschäftigung und Profite immer weniger miteinander vereinbar sind. Nur unter der Bedingung also, daß jegliche Neubewertung, jegliche Aufarbeitung, jegliche Offenlegung des gegenwärtigen Systems vermieden wird.

Daher die Verherrlichung des Beschäftigungskults, die in dem Maße stärker wird, wie die Beschäftigung verschwindet, und die Konzentration des gesamten sozialen und politischen Lebens darauf, während zugleich die Arbeitslosigkeit wächst. Da letztere sich immer stärker strukturell ausbreitet, geht es darum, eine Version der Beschäftigung vorzuschreiben, welche die Seltenheit von Erwerbsarbeit als zufällig und flüchtig erscheinen läßt (diese Seltenheit sei bereits dabei, wieder abzunehmen) und auf diese Weise die Situation der Arbeitslosen ganz offiziell zu entdramatisieren. Und es geht darum, kundzutun, daß den Arbeitslosen nur ein bißchen Geduld abverlangt wird und daß sie ziemlich undankbar sind, nicht ergriffen zu sein angesichts all der Mühe, die man sich für sie gibt, während sie selbst nichts tun; nicht begeistert zu sein von all den unermüdlichen Anstrengungen, die unternommen werden, um ihnen noch mehr Illusionen mit Versprechungen zu machen, die bereits für virtuell eingelöst gelten, und um dann ihr Vertrauen zu belohnen, indem man sich *nicht* mit ihren Problemen beschäftigt, die man ja für praktisch schon gelöst hält.

Dieses gute Gewissen ermöglicht es zu unterstellen, daß der Zustand der Arbeitslosen nichts mit den Mängeln der Gesellschaft zu tun hat, sondern mit ihrer eigenen Unfähigkeit, mit Pech oder mangelndem Geschick. Oder auch mit Faulheit. Muß man diese Leute, »die nicht arbeiten und keine Arbeit suchen«[21] und es sich nur bequem machen, nicht verdächtigen, Sozialleistungen zu mißbrauchen?

Daher die Notwendigkeit, jenen, denen man keine

21 Claude Imbert, auf *LCI* [einem frz. Fernseh-Informationssender], 3. September 1999

Arbeit anbieten kann, »Anreize« zur Arbeit zu geben und ihre Situation noch unerträglicher zu machen, um den Wunsch, aus ihr herauszukommen, noch zu verschärfen, ohne ihnen jedoch die Mittel dazu zu liefern. Was soll's! Das Problem ist nicht einfach: Wie soll man den glücklichen Beziehern der Sozialhilfe hier in Frankreich, das – dies ist richtig – großzügiger ist als andere Länder (!), wo der Mindestlohn aber kaum mehr beträgt als die verschiedenen Beihilfen zusammen, »Anreize« geben? Die Behörden entrüsten und sorgen sich weniger über die erschreckend niedrige Höhe der Mindestlöhne als über die unangebrachte Großherzigkeit bei den Beihilfen! Nur wachsende Armut und schwindende Rechte können schließlich dazu führen, daß diese Löhne, Arbeits- und Lebensbedingungen akzeptiert werden – aber ein derart gemachtes Bett ist skandalös, lamentiert der Chor der Entscheidungsträger, der in der Frage derer, die von der Arbeit ausgeschlossen sind, im Grunde sehr gut weiß, daß es die Beschäftigung selbst ist, die bereits ausgeschlossen ist.

Allerdings ist vorauszusehen, daß diese Ausgeschlossenen, geschwächt durch ihre Verarmung und mürbe gemacht durch Demütigungspraktiken, zumindest außerhalb der Statistiken und Zahlen überall vergessen werden. Sie sind endgültig verschwunden, sobald sie einmal das Ende ihres Leistungsanspruchs erreicht haben.

Für die Utopisten des 19. Jahrhunderts war das Ende der Arbeit gleichbedeutend mit Glück – es war ein höchstes Ziel, das eingefordert wurde. Es ist noch nicht lange her, da wurde die Idee des Verschwindens der Arbeit dank der Kybernetik noch als Utopie angesehen, als ein höchst wünschenswertes Ereignis, das aber kaum Chancen haben würde, je einzutreten; fast Science-fiction, von der aber bisweilen geträumt wurde. Man nahm ganz natürlich an, daß Arbeiten, die oft mühsam, ohne Belang und nicht selbstgewählt waren, anderen, bedeutungsvolleren und befriedigerenden Tätigkeiten Platz machen würden, die ein erfüllteres, aber auch nützlicheres Leben verhießen. Im Grunde war man davon überzeugt, daß die Beschäftigung im engeren Sinne der wirklichen Arbeit weichen würde, wie auch der Freizeit, der befreiten Zeit. Wie hätte man sich vorstellen können, daß das Verschwinden der Beschäftigung mehr Sorgen, Elend und jene weltweite Destabilisierung der Gesellschaft bewirken würde, diese wachsende, beispiellose Obsession, die Beschäftigung in unveränderter Form will, deren Mangel eben nicht als Erleichterung erfahren wird, sondern zur Verzweiflung führt? Und wer hätte gedacht, daß dieser stets gegenwärtige Mangel, der uns gar nicht mehr losläßt, eine solche Gefahr darstellen würde?

Wie hätte man sich vorstellen sollen, daß die Vorstellung von mühsamer Arbeit sich immer heller abzeichnen und dafür sorgen würde, daß wir uns in eine Zeit zurückentwickeln, in der »Chefs« Chefs von Gottes Gnaden sind und »Fortschritt« darin besteht, ihnen eine sehr viel weitergehende Macht zuzuerkennen, die immer tyrannischer wird und in einen totalen, nun gänzlich hemmungslosen Würgegriff ausgeartet ist? Eine Macht, die zu einer anonymen, abstrakten, nicht erreichbaren Größe geworden ist und die Politik des ganzen Planeten bestimmt?

Die Idee, daß diese Utopie zugunsten der gesichtslosen Herren einer zügellosen Privatwirtschaft verwirklicht würde, die sich in der Spekulation austobt, und daß sie für sie einen rechtsfreien Raum schaffen würde, im Grunde eine *virtuelle Nation*, die beherrschend ist, sich auf ihre Ideologie stützt und, gestärkt durch die Rechtsfreiheit, sich selbst alle Rechte zugesteht – auf diese Idee ist niemand gekommen, aber wer hatte auch nur die geringste Vorstellung von unserer Gegenwart? Vor allem konnte man sich nicht vorstellen, daß im Angesicht dieser immer autonomeren, von der Gesellschaft losgelösten Macht die Masse nicht mehr als ein Trumpf, eine Kraft angesehen würde, die in der Lage ist, Ereignisse hervorzurufen oder sie zu blockieren oder verhindern, sondern als Handicap an sich.

Die Kybernetik ist nicht allein daran beteiligt, und sie ist auch nicht selbst verantwortlich: Der Fehler liegt darin, wie sie benutzt wurde, um einem schleichenden Totalitarismus, der seinen Namen nicht nennt, den Weg zu bereiten.

Es hat an Wachsamkeit gefehlt. Man hätte die Auswirkungen der neuen Technologien voraussehen und politisch vorbereiten müssen, hätte ihre Auswirkungen gesetzlich regeln und auf diese Weise ihrem Mißbrauch vorbeugen müssen. Zu der Zeit, als man diese neue Situation noch nicht zu erpresserischen Zwecken benutzte, wäre es nicht schwierig gewesen, sie politisch in den Griff zu bekommen, statt die Politik durch sie verfälschen zu lassen.

Statt dessen hat jeder seinen Weg weiterverfolgt, ohne auf das zu achten, was eine riesige Hoffnung hätte darstellen können oder aber das Gleichgewicht der Menschheit auf dramatische Weise gefährdet; jahrzehntelang hat niemand die damals noch potentielle Existenz dieser neuen Situation berücksichtigt – nicht etwa, um sie in Bausch und Bogen abzulehnen, sondern um im Gegenteil all ihre noch realisierbaren Möglichkeiten zu erfassen, die für alle vorteilhaft sein konnten.

Wie ist es möglich, daß die Begriffe Arbeit, Beschäftigung und Gesellschaft nicht modifiziert wurden, um vernünftige und sinnvolle, vor allem aber ungefährliche

Konsequenzen aus den technologischen Fortschritten zu ziehen, die an sich so vielversprechend waren?

Erschreckend ist, daß der von Maschinen eingenommene Platz nicht nach und nach entsprechend der neuen Konjunktur kompensiert wurde, vielleicht durch eine andere Lebensweise, und daß man nicht (und zwar frühzeitig) nach Lösungen gesucht hat, wie man diese Arbeitsplätze ersetzt, von denen man zwar merkte, daß sie verschwinden, aber nicht daran dachte, dem Phänomen abzuhelfen oder vorauszuplanen, wie es zum Vorteil der benachteiligten Personen auszugleichen sei.

Wären derlei Initiativen von Anfang an ergriffen worden, wären sie ganz logisch erschienen und kaum auf Widerstand gestoßen; es wäre leicht gewesen, sie jedes Mal nach den neuen Umständen auszurichten. Es wäre leicht gewesen, die technologischen Fortschritte an sich zu begrüßen, aber ihre schädlichen Aspekte abzulehnen. Da waren noch wenige Interessen mit den Konsequenzen verbunden. Alles war noch möglich.

Aber diese entscheidende Phase in der Geschichte der Menschheit ist unvorstellbarerweise auf keinerlei Aufmerksamkeit gestoßen – um so mehr, als es zu dem Zeitpunkt keinerlei Gründe dafür gab, die Aufmerksamkeit zu wecken und schon gar nicht jene, die später dazu geäußert wurden.

Aber – noch unvorstellbarer – wir befinden uns noch immer am selben Punkt!

Wir haben uns dem Problem nicht gestellt und haben es erst recht nicht analysiert. Die Zeit, die vergangen ist, läßt diese Geißel inzwischen als traditionell und normal erscheinen, da sie auf ein unausweichliches Phänomen zurückzuführen ist und nicht auf die dramatischen Unachtsamkeiten, deren Folge sie ist.

So hat die Privatwirtschaft von Anfang an auf pragmatische Weise wie von einem bequemen Arrangement von den neuen Möglichkeiten Gebrauch gemacht, um sich nach und nach – aber vor allen anderen – der Waffe bewußt zu werden, über die sie verfügte, und der Revolution, die die Kybernetik ihr ermöglichte, die sie zugleich davon entband, offen in die politische Arena zu steigen.

In der Tat wurden die Massen von Männern und Frauen, auf die man bislang nicht hatte verzichten können, die aber teuer waren, jene Profitverderber, die immer wachsam sind, immer protestieren, fordern, kämpfen, immer die Hierarchie in Frage stellen, immer von Gerechtigkeit reden, nun vor allem für die Privatwirtschaft immer entbehrlicher, während sie selbst von dieser immer stärker abhängig wurden. Sie auszubeuten war jetzt kaum noch der Mühe wert. Das war ein unverhofftes Glück! Ein wahres Geschenk der Götter!

Und wie sollte es nun weitergehen? Natürlich mußte man die Kosten der Beschäftigung reduzieren, aber ihren abstrakten Wert und – unter dem Label »Arbeit« – ihr Ansehen steigern; mußte darauf achten, daß die Beschäftigung, die für die Arbeitgeber von immer geringerem Nutzen ist, für ihre so anfälligen Besitzer wie für die zurückgewiesenen Arbeitsuchenden immer unentbehrlicher wird.

Die Folgen kennen wir bereits. Aber die Folgen dieser Folgen? Werden wir es schaffen, aufmerksam zu sein, das heißt aufmerksam für die Wirklichkeit hinter den Maskeraden? Besser wäre es, wenn wir endlich einmal aufhören würden, dem despotischen Regime durch unseren Mangel an Wachsamkeit das schönste Geschenk zu machen, das es sich nur wünschen kann.

Eine optimistische Einschätzung der Lage gründet sich auf das Vertrauen auf eine permanente Wandlungsfähigkeit der Politik und der Geschichte, auf die ständig gegebene Möglichkeit des Kampfes, sei es, um zu verändern oder um zu bewahren: auf einen der Daseinsgründe der Demokratie. Nicht hinzunehmen, was man als schädlich ansieht, sondern dagegen zu kämpfen, zwar nicht mit der Gewißheit, aber immerhin mit der Hoffnung, zu siegen – ist das nicht einer der Grundzüge des Optimismus, der ja vor allem nicht resigniert?[22] Wenn hingegen nur ein bestimmtes Gesellschaftsmodell als möglich angesehen wird, das auf einer sogenannten »Marktwirtschaft« fußt, und vorgegeben wird, daß es keine Alternative dazu gibt, wenn zu seinen beklagenswerten Folgeerscheinungen nur gesagt wird, man müsse sich eben an sie anpassen, dann ist das ein krasses Beispiel von Pessimismus!

Zufällig hat sich am 9. September 1999, zwei Tage bevor ich diese Zeilen schreibe, ein Vorgang ereignet, der zeigt, wie wirksam eine allgemeine Illusion ist. An diesem Tag meldete die Firma Michelin einen Zuwachs ihrer Ge-

22 Gibt es eine schlimmere und schädlichere Form von Pessimismus als die, welche Pascal Bruckner mit folgendem Spruch übernommen hat und verbreitet: *»If you can't beat them, join them«*? Das wäre eine passende Devise für die Kollaboration der Franzosen mit den Nazis gewesen. (*Le Monde* vom 2. April 1998)

winne im ersten Halbjahr 1999 um 17%, das entspricht fast zwei Milliarden Francs, sowie Anzeichen für eine weitere günstige Entwicklung. Gleichzeitig kündigte die Firma die Entlassung von 7500 Beschäftigten in den kommenden drei Jahren an, was einem Zehntel der Belegschaft entspricht. Noch am gleichen Tag stieg der Wert der Michelin-Aktien an der Börse sprunghaft um 10,56% und am übernächsten Tag um weitere 12,53%. Typisch! Die Ankündigung von Entlassungen freut die Aktionäre, sie spornt sie noch mehr an als Gewinne.

Der eigentliche Skandal daran ist, daß ein solcher Vorgang inzwischen völlig gewöhnlich ist, man dürfte sich nicht einmal mehr darüber wundern, auch wenn einem immer wieder schlecht dabei wird. Doch nun herrschte auf einmal größte Verblüffung wie bei einem nie dagewesenen Phänomen, wie bei einem Vorgehen, das man nicht für möglich gehalten hätte! Die Empörung, die Michelin auslöste, war freilich völlig gerechtfertigt, aber die Verwunderung, die Bestürzung, als handelte es sich hier um das erste derartige Ereignis, spricht für eine gewisse verbreitete Geistesabwesenheit. Wie konnte ein solches Unheil geschehen? Man glaubte allgemein Augen und Ohren nicht zu trauen. Aber eben diese Verblüffung ist es, die verblüffen muß. War man denn so blind, so naiv, so verwirrt und so wenig wachsam, daß man erst jetzt plötzlich entdeckte, was doch schon lange Routine war?

Besser spät als nie, hätte man sagen können, als sich die erzürnten Urteile über die »Entdeckung« von Auswüchsen häuften, die bis dahin ohne großen Nachklang immer wieder angeprangert worden waren: Die Reaktionen waren meist räumlich begrenzt und hielten sich sehr im Rahmen. Doch auch die plötzliche allgemeine

Verurteilung wird die gebetsmühlenartig vorgebrachte Behauptung nicht entkräften, daß Wachstum automatisch alle erwünschten Arbeitsplätze schafft, während es doch vor unseren Augen dabei ist, sie zu vernichten. Da muß viel mehr passieren, um auf den verschiedenen Seiten jene Hartnäckigkeit zu erschüttern, mit der immer wieder Wachstum als wichtigste Voraussetzung für Arbeitsplätze beschworen wird, eine Voraussetzung, der man alles opfern müsse – einschließlich der Arbeitsplätze!

Mit Wachstum ist hier nicht das der unbestimmten »Wertschöpfungen« gemeint, die auf ausgesprochen undurchsichtige Weise aufgeteilt werden, sondern das Wachstum des Gewinns, den die Unternehmer und die Aktionäre untereinander aufteilen. Diese Goldgrube wird durch die Verringerung der Arbeitskosten noch weit einträglicher.

Es wird klar, in welchem Maß die Parole »Vorrang für Beschäftigung!« durch die Interessen, die in der Welt der Unternehmen regieren, Lügen gestraft wird, obwohl diese Welt doch am laufenden Band Arbeitsplätze schaffen und erhalten sollte. Man müßte höchst leichtgläubig sein, um zu hoffen, daß jene, die so wenig von der schamhaften »Senkung der Lohnkosten« betroffen sind und sogar von ihr profitieren, sie verlangsamen oder gar ganz auf sie verzichten würden, da sie doch die Börsenkurse ansteigen und die Gewinne emporschnellen läßt. »Vorrang für Beschäftigung«, warum nicht? Der Spruch kostet ja nichts. Die Begeisterung würde aber erst wirklich stürmisch, wenn es hieße: »Vorrang für Entlassungen«!

Der Fall Michelin löst Entsetzen aus, alle protestieren, aber keiner kann etwas dafür, denn es gibt keine Gesetzgebung, die eine solche Vorgehensweise verbieten oder wenigstens bremsen könnte.[23] Für eine Entlassung ist keine behördliche Genehmigung mehr notwendig, sie wurde 1986 abgeschafft; ohne solche Bestimmungen gibt es keinerlei Gegenmittel, außer nebulöse und wenig erfolgversprechende Verfahren.

Den Beschluß von Michelin als nicht hinnehmbar zu bezeichnen, auch wenn er unsäglicherweise Alltag geworden ist, ist das mindeste; aber warum gibt es keine Möglichkeit, gegen ihn vorzugehen? Warum existiert keine einzige Maßnahme, die derlei Auswüchse bekämpfen könnte? Wie es auch keinerlei Handhabe gibt, um die Arbeitskräfte vor solchem Unrecht zu schützen, da keine Gesetze dazu erlassen wurden? Die Antwort liegt in dem Zusammenhang, der eigentlich ins Auge springen müßte, zwischen diesen Vorgängen und der Gesellschaftsform, die als die einzig mögliche gilt, die als einzige »moderne« und »realistische« gepriesen wird, jene, die sich unter dem Etikett »Marktwirtschaft« rückhaltlos feiern läßt und zugleich täglich spekulativer wird.

Da dieser Drang zu Massenentlassungen geradezu ein Eckpfeiler des »Wirtschaftens« im Weltmaßstab ist, verwundert es kaum, daß er durch das Gesetz oder vielmehr durch die Abwesenheit von Gesetzen geschützt und so-

23 Der Artikel im zweiten Aubry-Gesetz über die »35-Stunden-Woche«, der, so gut es ging, weitere Entlassungswellen in florierenden Unternehmen verhindern sollte, wurde Anfang 2000 vom Verfassungsrat in seinen wichtigen Zügen abgelehnt, zur höchsten, wenn auch nicht offen geäußerten Zufriedenheit der Arbeitgeber. Zu den Gründen für die Entscheidung gehörte die Gleichheit vor dem Gesetz. Ein weiteres Beispiel für einen Fall, wo die Gleichheit vor dem Gesetz die Ungleichheit im Leben schützt.

mit gefördert wird[24], die Folgen sind die gleichen. So sind wir den besessenen Ritualen der Herren des unantastbaren Profits ausgesetzt, eines Profits, der angeblich zum Vorteil für alle ist, wahrscheinlich vor allem für die glücklichen Entlassenen …

Diese Methoden sind längst Tradition, ihre Logik ist kohärent und ihre Grausamkeit bewußt, aber von »der Elite« werden sie als gerechtfertigt angesehen, da sie gegen die Masse der übrigen Menschen ausgeübt werden. Diese gelten ohnehin als eine andere, naturgemäß unterlegene Spezies, und das einzig Interessante an ihnen ist, daß sie mächtigen Interessen dienen, die ihren eigenen zuwiderlaufen. Diesen Interessen der Mächtigen kann sich keiner widersetzen, ohne daß ihm mit den üblichen Erpressungen geantwortet wird, mit der Drohung der Betriebsverlegung, der Kapitalflucht, alles Argumente, die ihm im Ton der moralischen Empörung und ohne jede Scham entgegengehalten werden, ob sie nun begründet sind oder nicht.

Wer wagt noch, sich gegen die permanente Erpressung mit der Beschäftigung zu wehren? Das Beschäftigungswesen ist offenbar heute primär dazu da, als Begründung für diese Erpressung zu dienen. Im Fall Michelin konnten wir, wie es sich gehört, den Beteuerungen des Unternehmenschefs Cordurier lauschen, es war die wohlbekannte Leier, nach der seine Firma – die ihre Belegschaft in fünfzehn Jahren um die Hälfte (von 30 000 auf etwas weniger als 15 000 Beschäftigte) verringert und sich dabei zehn der mutig so getauften »Sozialpläne« (!) geleistet

24 Ebenso typisch sind Gesetze gegen Entlassungen, die aber keinerlei Sanktion zur Folge haben, wenn sie übertreten werden. Fromme Absichten!

hatte – schon immer eine wirksame Politik zugunsten der Beschäftigung verfolgt, ja, diese mit ihrem Vorgehen gerettet hat: nämlich mit einer Serie von Massenentlassungen.

Was noch bezeichnender ist: In der allgemeinen Verwunderung wurde die Tatsache kommentarlos und wie selbstverständlich hingenommen, daß für das Ziel, »die Produktivität in drei Jahren um mindestens 20 % zu erhöhen«, die Wettbewerbsfähigkeit zu stärken oder eine Erhöhung der Gewinnzuwachsraten in Aussicht zu stellen, automatisch weitere massive Entlassungen angestrebt werden müßten. Und selbstverständlich müßten die Produktivität vor der Produktion und die Aktionäre vor den Konsumenten Vorrang haben. Von den Beschäftigten ist gar nicht erst die Rede!

Die Machenschaften der Privatwirtschaft waren also niemandem unbekannt, auch nicht die mit dem heiligen Wachstum verbundenen brutalen Methoden, die so offensichtlich im Widerspruch zu dem Gebot: »Vorrang für Beschäftigung!« stehen. Nur einer intensiven Propaganda gelingt es zu behaupten, daß Wachstum das Problem der Beschäftigung lösen könne, während uns doch täglich das Gegenteil demonstriert wird, während uns täglich die Unvereinbarkeit der wachsenden Profite mit dem Schutz und der Erhaltung der Beschäftigung bewiesen wird.

In der Art, wie Monsieur Michelin und seinesgleichen angegriffen werden, liegt eine gewisse Naivität, die aber keineswegs harmlos ist. So wird der »Mangel an Herz« beklagt, es wird ihnen »guter Wille« gepredigt, in der Hoffnung, sie zu erweichen oder ihnen gar Angst einzujagen, nur indem ihnen vorgehalten wird, wie wenig nett sie doch seien und wie tadelnswert es sei, das eigene Interesse über das Allgemeinwohl zu stellen. Tatsächlich geht es weder um diese Männer noch um ihren Charakter. Sie sind berechenbar, gehorchen nur ihrer Rolle, folgen ihrem Handlungsrepertoire. Es geht hier nicht um Psychologie oder Moral, sondern um Rechte, sonst nutzt alles Reden nichts!

Wenn diese Entscheidungen nur der Willkür von Monsieur Michelin entsprächen und es ihm freistünde, sie zu fällen, warum hätte er es sein lassen sollen? Aus Menschenfreundlichkeit? Aber uns geht es hier nicht um solche Gefühle. Jeder weiß, daß Interessen Gründe finden, die das Herz nicht ablehnen kann. Die Entscheidungen ihrer Aktionäre sind für die Unternehmensführer weit wichtiger als der Beifall aller übrigen Zeitgenossen. Monsieur Michelin folgt seiner Logik und der seiner Klone (die meist anonym sind), einer Logik, die als »realistisch« und »modern« gilt. Er teilt die Ideologie ihrer Propagandisten, auch wenn letztere ihm vorwerfen, er habe sich zu auffällig, ungeschickt und brutal verhalten – zumindest in der Form seiner Äußerungen, die doch wirklich nicht ungewöhnlich waren.

Auch nicht für Michelin. Zufällig bin ich fast drei Jahre zuvor, am 18. März 1997, nach Clermont-Ferrand eingeladen worden, um über mein Buch *Der Terror der Ökonomie* zu sprechen. An jenem Tag redete die ganze Stadt nur über die bevorstehenden Entlassungen, die fast gleichzeitig mit beträchtlichen Gewinnen angekündigt worden waren. Die Zahlen waren zwar niedriger als heute, und ihre Bekanntgabe war bei zwei verschiedenen Gelegenheiten kurz nacheinander erfolgt. Die Tatsachen jedoch waren die gleichen, der Zynismus ebenso. Aber wer hat sich damals aufgeregt oder die Koinzidenz überhaupt bemerkt? Schon damals ging es nur um eine Nichtigkeit.

Der Donnerschlag, der im September 1999 ausgelöst

wurde, weil ein Ereignis sich wiederholte, das sich in dieser Form täglich in Frankreich und überall in der Welt zuträgt, erscheint daher seltsam und bezeichnend für eine allgemeine »Geistesabwesenheit«, für eine verbreitete schwerwiegende Realitätsverleugnung, was beides ebenso beunruhigend ist wie die dadurch verschleierten Phänomene selbst.

Michelin hatte nur das ABC der »modernen« Wirtschaft herunterbuchstabiert. Hat man sich darüber erregt, daß gleichzeitig zu den 7500 Arbeitsplätzen, die so vernichtet wurden, noch die Ankündigung weiterer 2000 (und wahrscheinlich mehr) Stellenstreichungen hinzukam, die durch die Fusion von Elf mit Total-Fina notwendig würden, oder über die 450 Entlassungen bei Epéda? Alles zur gleichen Zeit, in einem einzigen Land. Bleiben noch die anderen, die vielen anderen, die ebenso handeln.

Der unverzeihliche Irrtum bei Michelin bestand in der »schlechten Vermittlung«. Vielleicht war das gewollt: eine schön spektakuläre Ankündigung, mit dem Ziel, die Investoren von Rentenfonds mitzureißen? Dennoch, es war ein Fehler. Der einzige, den Monsieur Michelin junior, verantwortlich für diesen Mißgriff, eingestehen wollte. Er räumt ein, daß, wenn es auch nicht schlimm ist, in Zeiten der Arbeitslosigkeit und des Mangels an Arbeitsplätzen 7500 Menschen aus einem blühenden, gewinnbringenden Unternehmen zu entlassen, dies doch in höflicher Form geschehen sollte und man vor allem »pädagogisch« erklären muß, wie vernünftig diese Maßnahme ist, wie sehr diese Entlassungen der Beschäftigung nutzen, wie wirksam sie sind im Kampf gegen die Arbeitslosigkeit, daß sie in Sorge um das Gemeinwohl durchgeführt werden. Dann kann jeder dem nur zustimmen, Beifall klatschen und dem Herrn der Lage danken, daß er so gut und höflich dem Recht auf Information nachgekommen ist.

Monsieur Michelin junior gesteht, er habe sich »ganz klein« gefühlt in dem Bewußtsein, so »ungeschickt« gehandelt zu haben. Aber er ist ja noch Anfänger, nebenbei aber auch schon ein Neuerer, denn »in der Firmengruppe Michelin ist ein solches *mea culpa* eine Premiere«.[25] Für Edouard Michelin ein Gang nach Canossa, ein peinliches Zu-Kreuze-Kriechen: »Es ist für mich eine schwere, fast leidvolle Zeit [...]. Wir hatten die Öffentlichkeit nicht genügend vorbereitet, unsere Ankündigung hat sie überrascht und schockiert.« Tatsächlich ist die »Vorbereitung der Öffentlichkeit« (die Konditionierung ihrer Meinung) die Grundlage ultraliberaler Politik. Es genügte dem jungen Edouard zu sagen, sie hätten aus Gründen »der Wettbewerbsfähigkeit«, »der Konkurrenz«, »des Wachstums, ohne das es keine Arbeitsplätze« gibt, »wegen des Marktes«, »der fehlenden Alternativen«, wegen all dieser »Argumente«, die sie uns eintrichtern und die sich gegenseitig stützen, »keine Wahl gehabt, hätten nicht anders handeln können«. Er mußte nur den Rest für sich behalten (das, was er natürlich dachte): »da riesige Gewinne nicht ausreichen, da die Beschäftigten im Grunde überflüssig sind«, um den größten Erfolg zu haben!

Dennoch kann der junge Monsieur Michelin in seinem unendlichen Leid und nach all seinen Anstrengungen nicht einsehen, wie er gesteht, warum der Staat ihm nicht dabei helfen will, seinen »Sozialplan« zu finanzieren, nämlich Entlassene abzufinden, deren Weggang sein Unternehmen noch ertragreicher machen wird, als es schon

25 *Libération* vom 15. November 1999. Die folgenden Zitate stammen aus der gleichen Quelle.

ist. Sein Argument ist unwiderlegbar: Da sein Unternehmen die unendliche Güte hat, Steuern, Gebühren und Abgaben zu zahlen, wie sollte man es dafür nicht belohnen? Daß der Staat die Kosten für das Unglück trägt, das dieses Unternehmen verursacht hat, um sich zu bereichern, wäre doch das mindeste. Um so mehr, als er sich noch an jedem der zehn bisherigen entschieden »sozialen« Sozialplänen für die 15 000 vorangegangenen Entlassungen beteiligt hat, zu denen sich das wackere Unternehmen in seinem Kampf für die Beschäftigung schon durchgerungen hat, einem Kampf, der nach den Prinzipien der modernen Orthodoxie geführt wird, und das höchst wirkungsvoll, wie man sieht.

Da eine Wohltat selten alleine kommt, lieferte wenige Tage nach Michelin eine weitere französische Firma den Beweis ihrer »Modernität«: Es war wieder einmal Renault (vergessen wir nicht Vilvorde[26]), und zwar anläßlich der Übernahme der für Japan so bedeutenden Firma Nissan. Diesmal wurden 21 000 Beschäftigte entlassen und fünf Fabriken geschlossen. Und, das Sahnehäubchen, es kam zu 20% Reduzierung der Einkäufe von Ersatzteilen bei den Zulieferern, kleinen und mittleren Betrieben – für manche von ihnen der sichere Konkurs.

Na, dachte man sich, ist doch prima gelaufen, und fast ohne Aufsehen: Japan ist ja so weit weg! Und was können

26 Eine in Vilvorde, Belgien, erbaute Fabrik von Renault, die zwei Jahre zuvor renoviert worden war, galt als Modell, das anderen Fabriken der Gruppe als Vorbild vorgehalten wurde. Die besonders effektiv arbeitenden Beschäftigten hatten allerlei Zugeständnisse gemacht, vor allem bei den Löhnen, um die Produktivität der Fabrik zu erhöhen. 1997 wurde die mit Gewinn arbeitende Fabrik ohne triftigen Grund geschlossen und die Beschäftigten entlassen.

sie dort schon ausrichten? Von Frankreich aus stellte es sich gar nicht schlecht dar, ein bißchen wie eine Eroberung, die Gallier erobern das Ausland, bravo! Vor allem das Wichtigste war gesichert: die Vermittlung. Monsieur Michelin junior könnte sich für das nächste Mal Carlos Ghosn zum Vorbild nehmen.

Unter seinem Beinamen »Kostenkiller« (*cost killer*) betätigt sich Carlos Ghosn, ein wahres Muster an Tugend, wirtschaftlichen Kenntnissen und ultraliberalen Praktiken, bei der Firma Renault, zuvor war er bei – Michelin. Ein Spitzenmann. Zum Beweis: »Um Nissan seine Wirtschaftlichkeit zurückzugeben, hat er alle Kosten bedenkenlos reduziert. [...] Carlos Ghosn hat geklotzt, wo andere den Kompromiß gesucht hätten: 21 000 Stellenstreichungen bei weltweit 148 000 Beschäftigten, weiter sollen bis März 2002 drei Fertigungsfabriken und zwei mechanische Betriebe geschlossen werden.«[27] Dabei ist die Senkung der Einkaufskosten noch gar nicht berücksichtigt, die eine große Zahl der Anlagenbauer, der Hersteller von Einzelteilen und anderer Zulieferer in den Ruin treiben wird. Er ist wirklich ein Vorbild: »Keiner vor ihm hat gewagt, Maßnahmen von solcher Tragweite zu ergreifen, mit den fast jahrhundertealten Gewohnheiten der Vollbeschäftigung zu brechen, noch dazu bei einem der Prunkstücke der japanischen Industrie.« Da ist man stolz, Franzose zu sein! Nach der Entscheidung, die Fabrik von Vilvorde in Belgien zu schließen, was ebenfalls diesem Sanierungsapostel zugeschrieben wird, »hofft er jetzt, in Japan 60 Milliarden Francs [18 Milliarden DM] einzusparen«.

Die 21 000 Inhaber der geopferten Stellen werden berauscht sein, wenn sie erfahren, daß es sich dabei um

27 Wirtschaftsteil des *Figaro* vom 19. Oktober 1999.

einen wirtschaftlichen »Wiederbelebungsplan« handelt. Auch die »japanischen Gesprächspartner« waren äußerst angetan von der Feinfühligkeit und dem erlesenen Takt, mit denen ihnen diese Maßnahmen unterbreitet wurden. Alles hängt ganz offensichtlich von der Form ab. Wir können uns kaum wieder beruhigen angesichts eines solch eleganten Vorgehens: Carlos Ghosn, »der jetzt die Firma Nissan lenkt, spricht in der Öffentlichkeit nur Englisch« (in Japan eine gute Möglichkeit, sich über einheimische Wirtschaftskultur hinwegzusetzen), »aber er hat nicht gezögert, den Schluß seines Plans von einer lautschriftlichen japanischen Vorlage abzulesen«. Uns kommen die Tränen vor Rührung! 21000 Stellenstreichungen und die Schließung von fünf Fabriken werden den Betroffenen direkt auf japanisch verkündet, was für eine Höflichkeit, was für ein Zeichen der Menschlichkeit! Sie erhalten sofort Abfindungen, denn »seine japanischen Gesprächspartner schauen auch auf Einzelheiten. Die Vertreter von Daimler-Chrysler sind, wie man hört, nicht so zuvorkommend gewesen. Die Franzosen versuchen, ihre Partner nie zu verärgern, obwohl es ihnen darum geht, schnell und präzise zuzuschlagen.« Sie sind perfekt, diese Franzosen: Etikette und harte Bandagen, Brüderlichkeit und Brutalität, alles spricht für sie! Die Flegel von Daimler-Chrysler sollten sich warm anziehen und einen Kurs in Stilfragen besuchen! Die »Partner« werden auf französische Art gepflegt, lautschriftlich, wenn man von ihnen geliebt werden möchte.

Aber auch Ford kann noch viel von Ghosn lernen: »Während Ford die Beförderung nach dem Dienstalter, die in den japanischen Firmen Brauch war, zurückgedrängt hat und die Beförderung nach Leistung bevorzugt, hat Carlos Ghosn einen klaren Schnitt vollzogen: Von nun an wird, aus Gründen der Wirtschaftlichkeit, bei Nissan ausschließlich aufgrund von Leistung befördert. Nach der Ankündigung der Fabrikschließungen und der Stellenstreichungen wird damit ein weiteres Tabu des japanischen Systems mit Füßen getreten. Und zwar nicht das bedeutungsloseste!«[28] Es ist noch besser als die WM! Frankreich steht an erster Stelle; es kolonisiert Japan, das von so viel »Zuvorkommenheit« erschüttert ist! Es lebe Carlos Ghosn! »Der *cost killer* an die Macht!« Wie heißt das auf japanisch? Natürlich in Lautschrift ...

Ihre Banalität und den damit einhergehenden Zynismus stellen diese Praktiken nun offen zur Schau, da sie inzwischen anerkannter Teil von Wirtschaftsmethoden sind, die als selbstverständlich und im Sinne der ultraliberalen Dogmen als klassisch angesehen werden. Diese Dogmen haben inzwischen bestens Fuß gefaßt in einer Welt, die nur für ihre Zwecke geschaffen scheint. Wer das kleinste Element dieses Gewirrs von Postulaten ablehnen oder verändern wollte, würde das ganze Gebilde in Frage stellen. Damit müßte das gesamte System zusammenbrechen.

Was bis vor kurzem noch entwirrt und aufgedeckt werden mußte, damit man es anprangern konnte, weil es sonst nicht wahrgenommen wurde, ist heute allgemein bekannt. Was bisher versteckt werden mußte, wird heute mit der größten Selbstverständlichkeit zur Schau getragen. Man könnte es fast eine »Spektakel-Wirtschaft« nennen. Von der Öffentlichkeit wird erwartet, daß sie sich daran gewöhnt und dafür begeistert, wie beim Fußball oder beim Boxen, etwa für die verschiedenen Episoden in der Firmensaga, ihre Zänkereien, ihre Zweikämpfe, ihre Scheidungen und ihre Hochzeiten.

Das Ende der Geschichte ist immer gleich: massive

28 *Le Figaro*, ebd.

Streichungen von Arbeitsplätzen, wobei das einzig Spannende daran noch ist, wie hoch die Ziffer der Entlassenen im Einzelfall ausfällt. Es handelt sich dabei um eine weitere Methode, die allgemeine Aufmerksamkeit vom Sinn und von den Folgen eines solchen Vorgehens abzulenken, davon, was sich dahinter verbirgt und was sich an Untragbarem vorbereitet.

Solchen Praktiken kann einzig und allein die Gesetzgebung Einhalt gebieten; unter Anleitung der öffentlichen Meinung sollte die politische Klasse entsprechende Gesetze auf den Weg bringen. Nur das Gesetz kann etwas ohne Gewalt verhindern, nur ihm wird Rechenschaft geschuldet. Wenn es umgangen wird, wenn Deregulierungen es verhöhnen, können auf seiner Grundlage Gegenmaßnahmen ergriffen werden.

Wie soll man gegen die Arbeitslosigkeit kämpfen, wenn man nicht einmal die Macht hat, wenigstens die legalen Entlassungen zu kontrollieren, die unter den skandalösesten Umständen ständig angeordnet werden, die eiskalt geplant werden und bei den Multis und allen an der Börse gehandelten Unternehmen zum banalen Alltag gehören? Diese Entlassungen werden nicht nur als selbstverständlich betrachtet, sie werden als unumgängliche Beweise dafür, daß einer sein Handwerk versteht, als Eintrittskarte in den »Club« geradezu verlangt. Entlassungen gelten als der unwiderstehliche Köder, der auf die Börsenplätze geworfen wird, als unvergleichliche Quelle von »Werten«, als Beschleuniger unvorstellbarer Gewinne, was um so erwünschter ist, als diese ohnehin schon hoch sind. All das ist völlig legal. Eine Höflichkeit gegenüber den Aktionären. Ein *must* für die Sicherung der Wettbewerbsfähigkeit.

Und das alles ohne irgendeine Sanktionierung. Da wird

eher noch gratuliert! Ein Gewerkschafter hat es in Clermont-Ferrand so zusammengefaßt: »Auf der einen Seite wird alles getan, um der Beschäftigung den Vorrang zu geben, und auf der anderen machen die Unternehmer, was sie wollen.«[29] Ja, diejenigen, die auf diese Weise die Bevölkerung des gesamten Planeten erbarmungslos und systematisch sanktionieren, tun es ungehindert und im Namen der »Freiheit«: ihrer eigenen, die sie sich zum Schaden aller anderen einfach nehmen. Es ist die Freiheit, anderen zu schaden, in einer blockierten Gesellschaft ohne wirkliche Grenzen, außer für die Mittellosen, einer Gesellschaft, der gewisse entscheidende Gesetze fehlen und über deren bestehende Gesetze man sich leicht hinwegsetzt, wenn sie die Welt der Multis stören: eine abgeschlossene Welt im ausschließlichen Besitz jener, die sie verwüsten, ohne dabei Gewalt anwenden zu müssen, so sicher scheinen sie über dieses Reich zu verfügen, so weit reicht ihre Macht über diese unerträglich gewordene Gesellschaft, die doch als einzige ertragen wird. Handelt es sich hierbei nicht um eine Diktatur, ob sie nun offen ausgeübt wird oder nicht?

Ein Arbeitnehmer, der eine »Verschlankung« erlebt hat (das heißt, der aus einer der vielen Firmen hinausgeworfen wurde, die sich »verschlanken«, indem sie sich von den Männern und Frauen befreien, die für sie arbeiten), sagte einmal im Fernsehen: »Früher war es auch schon schwierig, da wurde entlassen, wenn es der Firma schlecht ging, das konnte man kritisieren, aber auch verstehen. Heute wird entlassen, wenn es der Firma gut geht.« Ein anderer beklagte sich: »Man weiß nicht mehr, was man tun soll, um die Unternehmer zufriedenzustellen!« Ganz

29 *LCI*, 21. September 1999

einfach: Er soll sich rauswerfen lassen und damit seinen bescheidenen Anteil dazu beitragen, das Vermögen derer zu vervielfachen, die Arbeitslose als unnütz ansehen – aber das ist wirklich undankbar von ihnen, denn Entlassungen bringen ihnen jedesmal ein Stück Geld ein. Außerdem sind sie, das müssen wir wiederholen, für jeden Konzernchef unverzichtbar – und sei es nur zur Umwandlung einer Zwangskultur, die auf der Lohnarbeit beruht, in die Herrschaft einer seltsamen Diktatur, die auf der Arbeitslosigkeit und der Abwertung der Lohnarbeit basiert.

Für die Männer und Frauen, die bei einem Unternehmen angestellt sind, besteht ein großer Unterschied zwischen Entlassung einerseits und der Streichung »freigewordener« Stellen andererseits. Beide Maßnahmen jedoch haben dieselben Auswirkungen auf die Zukunft der Beschäftigung und sind Zeichen für denselben Niedergang. Entlassungen und Stellenstreichungen zeigen beide, in welchem Maße die Reduzierung der Belegschaften für die Firmen nicht im geringsten nachteilig ist, sondern vorgesehene und erwünschte Vorteile mit sich bringt; in welchem Maße sie Bestandteil von deren Dynamik ist und Beschäftigung (bei Wachstum oder nicht) darin immer weniger Platz findet – den Status, den sie früher hatte, bekommt sie ohnehin nicht wieder.

Das ist bei den Kreuzzügen für mehr Beschäftigung, die immer auf heute nicht mehr gültige Kriterien fixiert waren, kaum hervorgehoben worden. Daher jene Trugbilder, die das Spiel verfälschen, die öffentliche Meinung ablenken und Initiativen von vornherein blockieren, die auf der Basis falscher Vorstellungen ergriffen werden.

Das größte Trugbild? Zu glauben, daß Unternehmen und Beschäftigung noch viel miteinander zu tun haben. Wie kann man den stets wiederkehrenden Indizien gegenüber blind bleiben, die nicht nur beweisen, daß das Unternehmen – und zwar immer mehr – auf Beschäftigung verzichten kann, sondern auch, daß es sogar glaubt, auf deren Reduzierung nicht mehr verzichten zu können?

Und zwar weniger aus technischen Gründen als wegen Interessen, die letzten Ende spekulativer Art sind, sowie aus Sorge um sein eigenes Prestige in der Welt der Geschäfte. Für das Unternehmen läuft entlassen – und zwar vorzugsweise in großen Mengen – darauf hinaus, sich der ultraliberalen Orthodoxie anzuschließen, rasch von spektakulären Gewinnen zu profitieren, aber auch die für seinen guten Ruf an den Börsenplätzen erforderlichen Nachweise abzuliefern.

Man kann sich wohl denken, daß die Unternehmer nicht zu diesen Entlassungen, zu diesen Stellenstreichungen schreiten würden, wenn sie glaubten, es wäre zu ihrem Schaden! Glaubt jemand, sie davon überzeugen zu können, sich aus purer Menschenfreundlichkeit aus dem Club der Gewinner auszuschließen? Oder sie allein durch »Anreize« davon zu überzeugen, auf Profite und Förderungen zu verzichten, indem man ihnen zu verstehen gibt, daß sie sich wie Schufte verhalten?

Seien wir ernsthaft: Keine freiwillige Maßnahme wird etwas bringen, wenn sie vom guten Willen von Leuten abhängt, die allen Grund haben, nicht zu tun, was man von ihnen erwartet, um so mehr, als sie dafür jedes Mal belohnt werden und schon im voraus auf die Vorteile spekulieren, die sie daraus ziehen werden. Nur das Gesetz kann diesem Mißbrauch einen Riegel vorschieben. Nur das Recht – oder der Kampf, die Straße. Kein »Anreiz« wird auch nur die geringste Wirkung zeigen, kein frommer Wunsch und auch nicht weise Ratschläge oder Rügen.

An den guten Willen der Unternehmer zu appellieren ist um so alberner, als sie sich diesem System nicht entziehen könnten, selbst wenn sie es wünschten (was bisweilen der Fall ist). Die liberale Maschinerie läßt ihnen keine Wahl; auch sie sind einfache (aber profitierende)

Rädchen im Getriebe dieses noch nie dagewesenen totalitären Regimes. Anstatt sich mit Nachdruck um das Schicksal der Arbeitslosen und der Beschäftigten in unsicheren Arbeitsverhältnissen zu kümmern, um die immer zahlreicher werdenden Menschen, die an oder unterhalb der Armutsschwelle leben, um die neuen *working poor*, anstatt dort Beschäftigung zu suchen (und zwar wirklich, um sie auch zu finden), wo sie fehlt, bleibt die öffentliche Hand derweil fast ausschließlich auf die Unternehmer fixiert, als ob diese noch immer die Henne darstellten, die goldene Eier legt, fruchtbare Spenderin von Beschäftigung. Sie bieten ihnen Goldgrube auf Goldgrube: Subventionen, Erleichterungen bei den Sozialabgaben, Prämien und weitere Geschenke, die verteilt werden, ohne daß sie mit irgendeiner Auflage versehen wären, und die alle angenommen und anstandslos eingesteckt werden, ohne die begleitenden (aber nicht zwingenden) Bedingungen zu berücksichtigen, angefangen bei der schüchternen »Hoffnung«, daß ihre Firmen Leute einstellen werden. Muß man sich da noch wundern, daß sie diesen taktvollen »Empfehlungen« und diskreten »Anreizen«, diesen schüchtern vorgetragenen Bedingungen gegenüber, die eher vorgeschoben scheinen, taub sind? Man glaubt zu träumen, daß ein solches Gewährenlassen, eine solche Kraftlosigkeit angesichts eines so entscheidenden Problems möglich ist. Doch für viele ist es ein Alptraum.

Die Subventionen und Vergünstigungen, die Arbeitgebern zur Förderung der Beschäftigung gewährt werden, auch wenn diese weiterhin nicht einstellen, sondern entlassen, sagen viel über den wirklichen Zustand des Beschäftigungsmarktes und über die Trugbilder aus, die hinsichtlich der Aufgabe der Unternehmen, diesen Markt anzukurbeln, erzeugt werden. Es ist nicht normal, daß derlei Verrenkungen für erforderlich gehalten werden, um es (nicht) zu schaffen, daß das Angebot auch nur im geringsten der Nachfrage entspricht, und es ist auch nicht normal, daß man Beschäftigung durch Beschäftigung finanzieren muß – was übrigens illusionslos praktiziert wird, und zwar weniger, um irgendwelche Ergebnisse zu erzielen, als um den Eindruck zu erwecken, welche zu erhoffen und die Anstrengung gemacht zu haben, sie zu erreichen.

Die schamlose Art, mit der den Unternehmen der Hof gemacht wird, zeigt, für wie wenig notwendig diese Beschäftigung halten. Die Aufrechterhaltung der Kluft zwischen dem Trugbild ihrer Vormachtstellung einerseits und ihrer Zurückhaltung (ein Euphemismus!) andererseits ist einer der Gründe für das derzeit herrschende Unglück und die unendlichen Erpressungsmöglichkeiten, über die die Privatwirtschaft verfügt. Und sie ist einer der Gründe für die Sackgasse, in der endgültig zu landen die Erdbevölkerung unbedingt vermeiden muß.

Diese Erpressung wird von der Wirtschaftsmacht und ihren politischen Zulieferern uneingeschränkt gemeinsam ausgeübt: Erpressung der politische Klasse, der Beschäftigten und ihrer Organisationen, der Beschäftigungslosen, derer im Wartestand, aller Strukturen der Gesellschaft – dank der Macht, die ihnen das Ausmaß der Arbeitslosigkeit verleiht, einer Macht, die durch die maßlose Verehrung der Beschäftigung in ihrer überholten Form noch gesteigert wird.

Sobald eine Einstellung, gleich welcher Art, eine Einheit aus der Statistik löscht, verleiht sie demjenigen, der die Beschäftigung aufnimmt, vermeintlich seine »Würde« oder gibt sie ihm zurück, auch wenn sie nicht ausreicht, um zu leben, eine Miete zu zahlen, seine Kinder ordentlich zu ernähren, auch wenn sie die Verachtung zur Schau stellt, in der ihr Inhaber gehalten wird. Wer wagt denn, sobald dieses Wunder bewirkt, dieser Gral gefunden wurde, auch noch Forderungen zu stellen? Wer würde noch wagen diese höchste Trophäe zu kritisieren, wo die Tatsache, sie zu erhalten, doch einen quasi unerreichbaren Höhepunkt darstellt? Bleibt nur noch, diese Beschäftigung zu bewahren und davor zu zittern, sie wieder zu verlieren.

Welche Gesetze wurden gemacht, um die Flut der Entlassungen zu stoppen? Um diese ungebremste Permissivität zumindest zu bremsen? In Frankreich gab es mangels Gesetzen eine administrative Kontrolle der Entlassungen: Oberhalb einer bestimmten Anzahl war eine vorherige behördliche Erlaubnis erforderlich. Diese Kontrolle, die, wie wir gesehen haben, 1986 abgeschafft wurde, ist nie wieder eingeführt worden und steht noch immer nicht auf der Tagesordnung. Das Gesetz bietet keinen Schutz gegen den Skandal der willkürlichen, der puren Spekulation geschuldeter Entlassungen, die außerdem den gesamten daraus resultierenden Profit (der sich sofort an der Börse äußert) den Aktionären und Spekulanten zukommen läßt, während die entlassenen Beschäftigten, deren Unglück Voraussetzung für diese Gewinne ist, nicht den geringsten Anteil daran haben. Das Gesetz ist hier ungenügend.

Fügen wir hinzu, daß der Staat, also der Steuerzahler, diesem Skandal »beihilft«, indem er die Kosten solcher Streichungen übernimmt (die Abfindungen bei Entlassungen zum Teil, das Arbeitslosengeld vollständig), während die stets wagemutigen »dynamischen Kräfte« die Anstrengung unternehmen, ihre Gewinne zu zählen.

Auch hier weist die Gesetzgebung Mängel auf: bezüglich der neuen Entlassungsverfahren, der Massen, die aus Gründen, die nichts mit dem Arbeitswert jedes einzelnen und nichts mit dem besonderen Interesse des Unternehmens, mit seiner Produktion und seinen realen Gewinnen in seiner eigenen Sphäre zu tun haben, systematisch rausgeworfen werden. Es handelt sich in den meisten Fällen um expandierende Unternehmen, die sich auf inzwischen klassische Weise ihres Personals entledigen, um die Gewinne in der Welt der Spekulation zu mehren. Das nennt man »Sozialpläne« aufstellen.[30]

Wenn das Gesetz formlos bleibt, auf wen, auf was soll man sich dann noch verlassen? Auf Reden? Auf wundersame Wandlungen?

Überall auf der Welt besteht die Antwort in einer förmlichen Epidemie von unterbezahlten Pseudo-Beschäftigungsverhältnissen, die sich unterhalb oder unmittelbar an der Armutsgrenze bewegen; in Elendslöhnen, heiklen oder in Teilzeitarbeit erlittenen Beschäftigungsverhältnissen, die zur Mittellosigkeit der *working poor* führen und dazu, daß Erwachsene wie kleine Kinder behandelt wer-

30 Es ist nicht gleichgültig, daß dieser Ausdruck heute an die Stelle der »Entlassungen« tritt; es ist eine Substitution, die das Elend der Arbeitslosigkeit als soziale Fürsorge, als Sorge um geplante Verbesserung ausgibt. Die stete Wiederholung spielt sehr überzeugend die Rolle einer suggestiven Werbung, die sich kein Unternehmen leisten könnte und die das Publikum im allgemeinen, vor allem aber die Opfer der Arbeitslosigkeit selbst und die Gewerkschaften ihnen *sehr zu Unrecht* leicht machen. Das wäscht die Unternehmen in der allgemeinen Vorstellung in sehr viel stärkerem Maße rein, als man denkt, indem es stark dazu beiträgt, die Arbeitslosigkeit zu banalisieren und zu entdramatisieren. Es ist nicht gut, auf die sprachlichen Fallen des Ultraliberalismus hereinzufallen; sie sind sehr wirkungsvoll.

den, die man beschäftigt, damit sie die Statistiken in Ruhe lassen, wenn nicht zu den Neo-Sklaven des *workfare*, die dazu gezwungen werden, sich der offiziellen Unordnung zu unterwerfen, und zur Unfähigkeit, untereinander solidarisch zu sein. Diese Antwort auf das Beschäftigungselend führt zur restlosen Ausnutzung des Elends durch die verrückt gewordenen Börsenplätze, und, darüber sollte man sich nicht täuschen, zur fortschreitenden und sich beschleunigenden Zerstörung allein schon des Begriffes von Gesellschaft.

Diese Antwort besteht darin, die Arbeitslosigkeit durch Armut zu ersetzen. Wir haben gesehen, welch beeindrukkende Vorreiterrolle die Vereinigten Staaten hier spielen, doch sind sie keineswegs die einzigen, welche diese Methode, die zum Automatismus wird, anwenden – den Austausch einer zur Norm gewordenen Arbeitslosigkeit gegen eine Normalisierung der Armut.

Diese Feststellung als »pessimistisch« anzusehen, würde darauf hinauslaufen, die Situation für so wenig veränderbar zu halten, daß die dringendste Maßnahme darin bestünde, sie zu verschleiern. Es geht hier nur um eine einfache Feststellung, um einen Bericht, der darauf abzielt, das, was bereits Realität ist, zu registrieren. Nicht die Feststellung macht die Situation so bedauerlich oder etabliert die Tatsachen. Wenn sich ihrer bewußt zu werden bereits bedeutet, »pessimistisch zu sein«, heißt das nur, daß jeder Optimismus gespielt sein müßte. Oder man müßte den Optimismus der Leute teilen, die, nachdem sie eine verhängnisvolle Situation erst geschaffen haben, begeistert von ihr profitieren.

Optimismus? Heißt das, so zu tun, als hielte man eine Mystifizierung für Realität, vielleicht um diejenigen, die sich bereits haben an der Nase herumführen lassen und in ihrem trügerischen Glück schwelgen, nicht zu beunruhigen? Oder heißt es, sich mit einer Welt auseinanderzusetzen, die man entmystifiziert hat und auf die man jetzt praktisch einwirken kann? Oder heißt es vielleicht, Vertrauen in den Mut der großen Masse zu haben und zu wissen, daß jeder einzelne in ihr nichts anderes fürchtet, als der oder die einzige zu sein, die die Schwierigkeiten dieser Situation und ihre Gefahren erkennt? Und daß sie alle auf diese Weise dem entgehen, was das Gefährlichste ist: der unterdrückten Angst, die man genau dadurch hervorruft, daß man mit trügerischen Argumenten beruhigen will, wo doch nichts anderes von echten Sorgen befreit oder erlaubt, mit ihnen zu leben, als sie anzugehen. Und, noch besser, zu wissen, daß diese Sorgen von anderen wahrgenommen und geteilt werden.

Eine pessimistische Feststellung? Nein. Subversiv? Ja. Denn jede durchschaute, registrierte und erkannte Situation wird veränderbar und kann bekämpft werden, wenn man sich aus einer gewissen magischen Sphäre befreien kann, innerhalb deren sie unwiderruflich scheint.

Die Diktatur besteht darin, eine magische Ordnung einzuführen, die es ihr erlaubt, ihre bevorzugte Lösung den Menschen als die einzige und ewige aufzuzwingen. Um sie zu stürzen, muß man zunächst diesen Schwindel erkennen, seine Ursachen aufspüren, sie analysieren und dann öffentlich machen, auch wenn man sich damit wenig Freunde schafft – um so weniger, als es nun um so dringender wird, sich von dieser Diktatur zu befreien.

Dieser Weg entsteht aus Optimismus und führt wieder zu ihm. Das Vorhandensein einer weltweiten öffentlichen Meinung *gegen* den Ultraliberalismus, die nach Möglichkeiten zum Widerstand sucht, stützt ihn. Wir müssen bedenken, daß wir uns – selbst unter den Bedingungen des

Ultraliberalismus – in einer Demokratie befinden und (da man sich in einer Demokratie durch die politische Klasse äußert) von unseren Repräsentanten fordern, daß sie sich mit uns verständigen. Unsere Aufgabe ist es, Kandidaten, Abgeordnete, Regierungen nicht in Unkenntnis darüber zu lassen, was wir fordern, nicht zu schweigen, sondern zu reagieren, die Vorstellung eines allgemeinen passiven Einverständnisses nicht zu bestätigen.

Die Rolle der politischen Führer besteht nicht darin, eine Situation gegen die Reaktionen jener zu schützen, die sie erleiden, sondern letztere vor dieser Situation zu schützen. Sie besteht nicht darin, die größte Sorgfalt aufzubieten, um den gesellschaftlichen Konsens im Rahmen einer umfassenden Zerstörung der Gesellschaft, ja, ihres Begriffs selbst zu organisieren.

Am Anfang jedes Widerstands steht zunächst Klarsicht, jeder klarsichtige Ansatz wird also beunruhigen und bald im Ruf stehen, aus der Absicht, »Panik zu machen«, entstanden zu sein. Wer eine Propaganda anprangert, die mit ihren verführerischen Versprechungen, an die niemand glaubt, aber deren Klang jeden einlullt, zum Schlimmsten führt, wird als Pessimist gelten, da er die schöne Illusion zerstört. Jede Form des Widerstands erscheint als Vorspiel der »gesellschaftlichen Explosion«, die sich das schlechte Gewissen gerne ausmalt. Doch nur Klarsicht kann diese »Explosion« verhindern, die praktisch weniger wirksam wäre als die Störung durch – wenn nicht die Wahrheit, so doch rückhaltlose Genauigkeit.

Wiederholen wir noch einmal: Der Wunsch, die schädlichen Wirkungen des Ultraliberalismus und seine Diktatur abzuschaffen, besteht bei zahlreichen politisch Verantwortlichen. Manche warten (bewußt oder unbewußt) darauf, von der öffentlichen Meinung gezwungen zu werden, den Kurs zu wechseln, sich nicht mehr verpflichtet zu fühlen, das gerade modische Spiel mitzuspielen, das Spiel der Stärksten, die sich ohne Gegner glauben. Und sie könnten es, wenn sie sich auf die Macht stützen, zu der die öffentliche Meinung werden muß und kann – zunächst indem sie zeigt, daß es sie gibt, daß sie sich nicht täuschen läßt und daß die Menschen nicht in passivem Einverständnis dahindämmern. Hierin liegt die Existenzberechtigung der Demokratie, und ihre Mittel stehen weiterhin zur Verfügung. Auch wenn manche Neubekehrten versuchen, uns den Mut zu nehmen, an ihre Fähigkeiten zu glauben, gibt es sie weiterhin: Sie sind wirksam, wenn man es sich in den Kopf setzt, sie auch anzuwenden, ohne auf die ständige propagandistische Vergiftung zu achten. Der Totalitarismus wurde schon immer als unbesiegbar dargestellt – es hat sich immer als falsch erwiesen.

Das gleiche gilt für das Gefühl allgemeiner Ohnmacht, das er hervorruft, wie auch für die Behauptung, es gebe keine Alternative zu seiner Herrschaft, so daß die geringste Verfälschung der von ihm erzwungenen Strukturen, die (zu Unrecht) ganz allein die gesamte Wirklichkeit zu besetzen scheinen (außerhalb deren es nur Leere zu geben scheint), alles zusammenbrechen lassen würde.

Sind wir uns der Tatsache bewußt, daß die Probleme nie *jenseits* der von den totalitaristischen Dogmen auferlegten Zwänge untersucht werden, unter Gesichtspunkten, die mit diesen Dogmen nichts zu tun haben? Sie werden immer nur ausgehend von diesem Teufelskreis aus Postulaten und nicht zu parierenden, endgültigen Schlußfolgerungen untersucht, aus hermetischen Logiken, die gar nicht zusammenpassen und sich nur aufgrund geheimer Übereinkünfte gegenseitig tragen.

Die heimtückischen Strategien des Totalitarismus haben ihm erlaubt, sich ohne Komplott stillschweigend auszubreiten, dank einer geduldigen und sich allmählich durchsetzenden Propaganda, die uns von allem ablenken sollte, was es uns ermöglicht hätte, sein Vorhandensein zu bemerken. Er hat sich im Laufe von Jahren unter unseren Augen breitgemacht, ohne Reaktionen hervorzurufen. Heute, wo er für uns (noch undeutlich) sichtbar wird, wo er sich verbreitet hat und die Grundlage aller Entscheidungen bildet, aller Strukturen und, stärker noch, der Umstrukturierungen und Auflösungen, gelingt es genau diesen Strategien ein weiteres Mal, uns hinters Licht zu führen und die Situation als unvermeidlich und schicksalhaft erscheinen zu lassen, statt als das Ergebnis einer ganz bestimmten, sehr zielgerichteten Politik, die durchaus bekämpfbar ist, indem man sich ihrem geschlossenen System entzieht. Indem man anprangert, entmystifiziert, es wagt, Gegenmächte zu schaffen, die ebenso weltweit agieren wie diese Diktatur ohne Diktator.

Eine wahre Politik, vor allem eine wirkliche Beschäftigungspolitik, dürfte das Spiel eines solchen Absolutismus nicht mitmachen, müßte sowohl die Konsequenzen als auch die Ursachen laut und deutlich ablehnen, anstatt sie hinzunehmen und ihr Antlitz zu verhüllen. Zum Beispiel ist klar, daß die Unternehmen – zugleich Initiatoren und Nutznießer dieser neuen Ordnung – keinerlei Grund und keinerlei Absicht haben, sich zu verhalten wie zu der Zeit, als Beschäftigung und sogar Vollbeschäftigung für sie noch unerläßlich waren. Eine Zeit, in der sie selbst davon so abhängig waren, daß ein gewisses Gleichgewicht der Kräfte entstehen konnte.

Eine realistische Politik würde diese Metamorphose der Beschäftigung berücksichtigen, den Wandel einer Kultur, die nicht mehr auf Beschäftigung gründet. Eine solche Politik würde die Erwerbsarbeit von den archaischen Werten befreien, die ihr noch immer zugeschrieben werden, so wie sie diejenigen, die sie verloren haben, von der Schande und Strafe befreien würde, die damit einhergehen. Sie würde den derzeitigen Zustand der Wirtschaft analysieren, in der Unternehmen nicht mehr an Beschäftigung gebunden sind, *ja nicht einmal mehr an Kapital*, sondern den zufallsbedingten und diktatorischen Strömen der Spekulationen ausgesetzt sind, denen sie als Stütze oder Alibi dienen – eine Rolle, die dabei ist, zu ihrer eigentlichen Aufgabe zu werden.

Eine dynamische Politik würde sich energisch betätigen, um eine wahre Gesellschaft zu begründen oder wiederzubegründen, indem sie das breite Spektrum an Berufen, Gewerben, Beschäftigungen wiederherstellte, das für unsere Kultur unerläßlich ist und dessen Verkleinerung offenkundig verhängnisvoll ist. Sie würde dem wirklichen Wert und dem Nutzen der Tätigkeiten Vorrang einräumen, statt sie ausschließlich nach ihrer Wirtschaftlichkeit zu beurteilen oder zu richten. Eine Utopie ist das nicht. Aber eine Frage der Umkehrung der Prioritäten, wie es sie im Lauf der Geschichte immer wieder gab. Wobei die absurdeste, unsinnigste aller Prioritäten jene absolute ist, die dem unproduktiven Profit einiger weniger eingeräumt wird, Leuten, die zu allen Verwüstungen bereit sind, nur um ihn zu erreichen.

Eine verantwortungsvolle Beschäftigungspolitik würde dafür sorgen, daß die Menschen Priorität bekämen, damit sie nicht dem heute provozierten Verfall der Beschäftigung – wenn sie denn eine finden –, der trotz Arbeit entstandenen Armut, den Streß und Unglück auslösenden Bedingungen der Arbeitslosigkeit geopfert werden.

Dem unmöglichen Fortbestehen des Erwerbslebens in seiner rudimentären Form, das man aus perversen Gründen, aber gegen alle Vernunft weiterbetreibt – zum Preis von viel Leid, Erpressungen und Erniedrigungen.

Eine aufmerksame Politik würde dabei helfen, sich von einer Ordnung zu verabschieden, die ihr allmähliches Verschwinden verklärt, das sich aber um so mehr beschleunigt, je mehr ihre Hierarchien und Autoritäten und alles, was sie an Grausamem enthält, beibehalten werden.

Dabei ist die Zeit noch nicht fern, in der man sich gegen die Formen und Bedingungen der Erwerbsarbeit auflehnte, sie heftig in Frage stellte und für »entfremdet« hielt, während man sich heute darüber einig ist, daß allein diese Entfremdung Integration bewirkt. Das derzeitige, durch das Verschwinden der Erwerbsarbeit geschaffene Desaster wäre damals undenkbar gewesen. Dieser Mangel an Voraussicht war überaus schädlich und muß jetzt dringend behoben werden, indem man nicht an den daraus hervorgegangenen Irrtümern festhält.

Einer dieser Irrtümer, und zwar einer der gravierendsten, besteht darin, nicht vorrangig die Not der Arbeitslosen zu verringern, die sicher ist, da sie unmittelbar jetzt herrscht – wie auch die ihrer Kinder, die sie mit ihren Eltern erleiden, auch wenn sie keine Aufnahme in die Statistiken finden. Und man müßte blind sein, um nicht zu sehen, in welchem Maße die Arbeitslosen und die Arbeit zu Druckmitteln werden und wie sich bedrohte Bevölkerungsgruppen auf diese Weise auf Gedeih und Verderb ausliefern müssen.

Vor diesem Hintergrund nehmen alle Angebote, die denen gemacht werden, die einen Arbeitsplatz haben, eine andere Bedeutung an, und sie werden leichter akzeptiert.

Denjenigen, die man beherrscht, ein paar Brosamen zu überlassen, ist eine klassische und bewährte Methode. Ihnen ein paar wertlose Spielzeuge zuzugestehen, die bewirken, daß sie sich auf die Seite der Privilegierten schlagen, war immer einträglich; doch heute – welche Raffinesse – sind diese Spielzeuge für die Geber eine höchst profitable Investition, die nicht nur mit allen anderen Formen von Einkünften aufräumt, sondern zur besten Überzeugungswaffe gegen potentielle Aufrührer wird, die jetzt überzeugt sind, auf der gleichen Seite zu stehen.

Man versteht nun die Bedeutung bestimmter Partnerschaften für den Ultraliberalismus, wie etwa die durch *Stock-options* geschaffenen, die die bereits beträchtlichen Vergütungen der Wirtschaftsführer durch kleine Vermögen vervollständigen – aber einen Teil der Gehälter durch Aktien ersetzen; oder das Prämiensystem für die Angestellten, die sich auf diese Weise mit den Gewinnen, aber auch mit den Verlusten der Gesellschaft verbunden sehen und mehr als je zuvor an sie gefesselt sind; Angestellte, die es sich nicht erlauben können, ihre Gehälter auf riskante Weise anzulegen, und auch nicht das Risiko eingehen können, um das gebracht zu werden, was man ihnen schuldet und was die Firma, die sie mit dem entsprechenden Sinn fürs Teilen einstellt, nichts kosten würde.

Rentenfonds gehen noch weiter. Wir kennen bereits die Schäden, die Unternehmen verursachen, über die diese Fonds heute Macht ausüben und die sie zu spekulativen Zwecken benutzen, indem sie die Entscheidungen von Entscheidungsträgern dominieren, die heute maßgeblichen Einfluß auf die Entscheidungen der öffentlichen Institutionen haben.

Dabei hält man sich weniger bei der Situation der Kleinaktionäre dieser Rentenfonds auf, die zu einem stummen

Einverständnis mit genau dem getrieben werden, was sie bedroht. Da ihre künftigen Renten von den Fonds abhängen, wird es in ihrem Interesse liegen, die Forderung der Fondsverwalter zu unterstützen, die eine in der Regel vernunftwidrige garantierte Rendite von 15 Prozent bei einem Unternehmen für erforderlich halten, bevor sie in dieses Unternehmen investieren. Ein fast unmögliches Unterfangen, es sei denn, man greift zu flotten Methoden für den schnellen Profit, wie die Senkung der Arbeitskosten und solche Massenentlassungen, deren – ausgezeichnete – Ausrede darin besteht, die Renten zu finanzieren, und zwar die Renten eben der von den Entlassungen betroffenen Beschäftigten. Sie sind dann in der Situation, zu fordern, was sie ruiniert und was sie selbst gefördert haben: ihre eigene Entlassung, die in ihrem eigenen Namen gefordert wird.

Bewundernswert!

Um so mehr, als diese von den Rentenfonds verlangten übertriebenen Dividenden in den Unternehmen eine drastische Geschäftsführung erforderlich machen, die ganz auf sich selbst konzentriert ist und nicht mehr auf die Produktion oder die Reaktionen der Verbraucher, genausowenig wie auf eine normale, realistische Entwicklung des betreffenden Unternehmens. Die prohibitiven Sparmaßnahmen, die auf beschleunigte Gewinne ausgerichtet sind, haben zum Ziel, das Unternehmen konkurrenzfähig zu machen, aber nicht hinsichtlich der Qualität und nicht einmal im Handel, sondern um es bei der Jagd nach spekulativen Investitionen konkurrenzfähig zu machen, seien sie auch schädlich für den Handel oder die Qualität.

Diesmal investiert nicht die »Marktwirtschaft« ihre Profite in die Spekulation; im Gegenteil, die Spekulation selbst investiert *sie*. Sie fusionieren.

Die Unternehmen beschränken sich nicht mehr darauf, ihre Profite in virtuelle Märkte zu investieren und sich an deren Casino-Spielen zu beteiligen: Sie werden Bestandteil der Casinos und funktionieren nur noch in Hinblick auf die von ihnen geforderten unmittelbaren, aberwitzigen Gewinne, denen sich alle anderen Tätigkeiten, alle anderen Ambitionen unterwerfen müssen und angesichts derer jede Eigenart und Abweichung vergessen werden muß. Im Zweifelsfall bräuchte es die Unternehmen gar nicht zu geben, da nicht auf ihre realen Aktiva, auf ihre optimale Führung bezüglich der Qualität ihrer Produkte gesetzt wird, sondern auf ihre an der Börse gehandelten Papiere, die ihre eigene, von dieser Qualität unabhängige Existenz führen. Nicht mehr die Qualität bestimmt die Kursnotierung, sondern die Notierung an sich gilt als Qualität.

Im Dienste der Rentenfonds, von denen sie nun abhängen, sind die Unternehmen nur noch Spielbälle der spekulativen Launen jener Fonds, welche den »Entscheidungsträgern« – wenn man das noch sagen kann – nun ihre Praktiken, Produktionsweisen, Ziele und natürlich die Zahl ihrer Beschäftigten diktieren. Von nun an werden sie von den Verwaltern dieser Fonds regiert, den »institutionellen Investoren«. Dieser Machttransfer wird heute als *corporate governance* bezeichnet: eine passend benannte »Herrschaft« von Spekulanten, die alle Entscheidungen, alle eingeschlagenen Marschrichtungen überwachen und leiten.

Diese Herrschaft der *corporate governance* über die Unternehmen, über ihre Strukturen, ihre Politik, ihre Entscheidungen, erinnert durchaus an die des IWF über die Nationen, denen er unter der Bedingung »hilft«, daß sie sich seiner Leitung unterstellen und ihre Führung exakt dem ultraliberalen Modell entspricht. Unter der Bedingung, daß sie – Staaten oder Unternehmen – sich von den Repräsentanten eines Regimes *kolonialisieren* lassen, das Lichtjahre von jeder Wirklichkeit entfernt ist, die auch nur ein bißchen Distanz zu den aus den Fluktuationen der virtuellen Märkte hervorgehenden Profiten hat. Man kann sich vorstellen, in welchem Maße dann Männer und Frauen, die zum Spielball von Finanzgeschäften geworden sind, auf die das Leben nach und nach reduziert wird, wie wertlose Spielsteine geopfert werden. Denn für sie ist in dieser Welt kaum noch ein Platz vorgesehen.

So besteht das erste Zeichen, das erforderlich ist, um bei der Jagd nach den Rentenfonds, also nach maßlosen Profiten, zu gewinnen, in der Senkung der Beschäftigungskosten und in der hartnäckigen Verfolgung von Strategien, die ebenfalls zu umfangreichen Entlassungen führen.

Die Renten, die von den Fonds abhängen, werden folglich auch vom Erfolg dieser Strategien abhängen, welche für die Fondsinhaber schädlich sind, die aber nur deren Erfolg wünschen können! Und die – nachdem sie zu diesem Erfolg beigetragen haben – ohne lange zu fragen an dem beteiligt werden (und sogar Interesse daran haben), was ihre Entlassung bewirkt. Sie werden am Ende dazu beigetragen haben, *ihre eigene Arbeitslosigkeit zu sponsern*!

In bestem Einverständnis.

Es werden keine Mühen gescheut, um dieses Rentensystem, diese »Partnerschaft« in den Ländern einzuführen, die es noch nicht kennen und ihm zurückhaltend gegenüberstehen, wie Frankreich. Halbe (oder noch geringere) Maßnahmen werden uns vorgeschlagen, sie verbergen sich hinter Bezeichnungen wie »Reservefonds«,

»Vorsorgefonds«, »Fonds auf Gegenseitigkeit« und weiteren ebenso vorsichtigen Euphemismen. Sie werden uns in abgeschwächten, fragmentierten, gemilderten Formen präsentiert, die als Provisorien angekündigt werden, deren Zweck am Ende aber derselbe sein wird, spielen sie doch alle die perfide, wirkungsvolle Rolle des Trojanischen Pferdes!

Heben wir hier die Entschlossenheit, den festen Willen der öffentlichen Meinung hervor sowie, bis jetzt, den Erfolg ihres stummen Widerstands gegen diese Razzien, gegen diesen Willen, Errungenschaften zu zerstören – was häufig unter dem Vorwand erfolgt, sie zu retten, wie in diesem Fall die Renten oder anderswo die Sozialversicherung.

Nie zu vergessen: die *Lobbys*. In diesem Fall die lange und alte Begehrlichkeit der mächtigen Versicherungslobbys gegenüber der Rente nach dem Umlageverfahren, die für sie (genau wie die Sozialversicherung) einen nicht hinzunehmenden Verdienstausfall darstellt, fantastische Fonds, bei denen sie sich schon so lange benachteiligt, ja, derer sie sich geradezu beraubt glauben und auf deren reiche Erträge sie lauern. Der Kampf wird erbittert sein, um in Regionen wie Frankreich einzudringen, in die ausländische Rentenfonds zwar bereits vorgedrungen, deren Bewohner jedoch weit davon entfernt sind, sich spontan als Investoren zu engagieren.

Wundern wir uns nicht über die bedauerliche Verblüffung dieser Verräter! Jedes Mittel ist recht, um sie auf den rechten Weg zu leiten, in Stimmung zu bringen, sie zu beschämen, ihren mangelnden Patriotismus anzuprangern (und in Frankreich zugleich ihre Französischtümelei), ohne dabei zu berücksichtigen, daß es nur sehr wenige Großunternehmen gibt, an denen nur eine einzige Nation beteiligt ist, vor allem aber vergessend, daß die Fondsverwalter sich wohlweislich davor hüten (und mit Recht), sie nur in einem einzigen Land zu plazieren: Sie investieren sie in verschiedenen Ländern, wobei sie sich allein vom Kriterium der Rendite leiten lassen. Wenn in den französischen Unternehmen ein bedeutender Anteil an ausländischem Kapital steckt (etwa 45 Prozent), so beweist nichts, daß morgen französische Fonds Frankreich bevorzugen würden: Sie würden ohne Zögern in ausländischen Firmen plaziert, wenn deren Ergebnisse spektakulärer zu sein versprechen.

Vielleicht liegt einer der markantesten Unterschiede zwischen den Nationen heute darin, daß es manche gibt, die dem hegemonialen Modell nachgegeben haben, das ein Baron Seillière[31] entschieden »die Welt, wie sie ist« nennt – die, die ihm paßt, an die man nicht rühren darf, in der es seinen Worten nach »nichts Schlimmes ist, dasselbe mit geringeren Kosten mit weniger Leuten zu produzieren«[32] – und solche, die dieser Welt noch immer widerstehen, dank (man kann es nie genug unterstreichen) ihrer öffentlichen Meinung, deren Existenz, auch wenn sie noch nicht sehr deutlich ist, doch stark genug, um spürbar und bereits wirkungsvoll zu sein.

31 Der Vorsitzende des MEDEF, dem früheren CNPF (dem französischen Arbeitgeberverband) – welch ansprechende Abkürzungen! Anders gesagt, noch immer der Chef aller Chefs, eine aus der Mode gekommene Definition, da die ultraliberalen Tricks hinsichtlich des Vokabulars dafür gesorgt haben, daß der Begriff des »patron« (des Chefs) gegen den weniger aggressiven, dynamischeren und aufwertenden des »entrepreneur« (des Unternehmers) ausgetauscht wurde. In jedem Falle handelt es sich dabei – man wird's verstanden haben – um denselben!

32 Auf *LCI*.

Vielleicht wäre es auch nichts Schlimmes, wenn diese »weniger Leute«, die mit so großer Freude von Monsieur Seillière weggedrängt werden, wenn diese von dem Unternehmen abgelehnten »immer mehr Leute« nicht ihrem Schicksal »in der Welt, wie sie ist« ausgeliefert wären und wenn man die Rechte berücksichtigen würde, die diesen »weniger Leuten«, die in Wahrheit so viele Menschen, so viele einzelne Lebensschicksale darstellen, geschuldet, aber abgestritten werden!

So weigert sich im vorliegenden Fall eine Bevölkerung, die einmal von der Wiege bis zur Bahre gegen die schlimmsten Auswirkungen des ökonomischen Terrors geschützt war, der Privatwirtschaft bei der Ausübung dieses Terrors »Beihilfe« zu leisten. Sie wehrt sich, allerdings schüchtern und ohne die erforderliche Absprache, dagegen, daß die Schwächsten so weit kommen, eine Ordnung zu unterstützen, die ihren Untergang und ihre Ausgrenzung vorsieht!

Sie weigert sich, einen Anteil der Gehälter gespart, gekürzt und geopfert zu sehen, um die Renten zu *garantieren*, die aber im Gegenteil in unsicheren Investitionen aufs Spiel gesetzt werden, welche sich allein Reiche leisten können – genau jene also, die die Risiken derjenigen vergrößern, die nicht die nötigen Mittel haben und die ohne jede Erfahrung allen Börsenschwankungen, möglichen Börsenkrachs, diversen Fiaskos, der Flüchtigkeit der Märkte und der Finanzblase ausgesetzt sind – von der möglichen Inkompetenz oder eventuellen Unredlichkeit der Fondsverwalter ganz zu schweigen.

Die Finanzleute kennen diese Empfindlichkeit der »Finanzblase« und mehr noch der »Spekulationsblase« sehr gut; sie haben die nötigen Mittel (oder glauben, sie zu haben), um sie bei ihren Überlegungen zu berücksichtigen und mit ihnen zu jonglieren. Die unzähligen Beschäftigten, die animiert werden, in Rentenfonds zu investieren, sind keine Finanzleute und auch keine professionellen Spekulanten, erst recht keine Fachleute; sie müssen sich als Laien den Fährnissen dieser launenhaften Spiele, ihrer Komplexität, ihren Gefahren und Perversionen aussetzen, die übrigens genausowenig berechenbar sind wie Glücksspiele – wo sie doch keinerlei Grund haben, sich dafür zu interessieren. Und gewiß nicht die Mittel, in sie einzusteigen. Vor allem aber ist das, was hier auf dem Spiel steht, ihre Rente, für sie von zu großer, ja lebensnotwendiger Wichtigkeit, als daß sie derart damit spekulieren könnten.

In Wahrheit sind die zu Aktionären gewordenen Versicherten eben gerade keine »Versicherten« mehr, sondern werden abhängig von den Risiken, die die Verwalter eingegangen sind, denen sie vollständig vertrauen müssen – mit der ungewissen Hoffnung, auf einem Gebiet, auf dem sie sich nicht auskennen, nicht hereingelegt zu werden.[33] Ihre Rente, oft genug die einzige Einnahmequelle ihrer Zukunft, die nun in jene zufallsbedingten Abenteuer investiert wurde und deren Höhe folglich nicht garantiert ist, wird von einer Summe *nicht versicherter* Zufälle abhängen, die sie um die erste Tugend einer Rente brin-

33 Man erinnert sich an den Maxwell-Skandal in London. Nach dem mysteriösen Tod des Magnaten wurde entdeckt, daß die Fonds der *Mirror Group* und mit ihnen die Renten der zahlreichen Beschäftigten durch Betrug verschwunden waren. Inkompetenz der Verwalter kann ebenfalls zu solchen Ergebnissen führen, aber auch andere, subtilere unredliche Machenschaften, die weniger leicht aufzuspüren sind als die von Maxwell (auch wenn sie in diesem Fall erst aus Anlaß seines verfrühten Todes aufgedeckt wurden).

gen wird: Sicherheit in einer Lebensphase, in der es normalerweise nicht mehr möglich ist, »wieder in Gang zu kommen«, sondern in der das Spiel zu Ende und vieles irreversibel und entschieden ist. Reiner Wahnsinn!

Gewiß, die Börsenmärkte, die virtuellen Spekulationen machen derzeit eine günstige und stabile, ja triumphale Phase durch, und das schon seit ungewöhnlich langer Zeit. Aber der Dollar, auf dem heute alles beruht, ist nicht so solide, wie er wirkt. Die Schulden der Vereinigten Staaten sind die höchsten der Welt. Finanzleute und Spekulanten wissen, daß sie auf einen Vulkan setzen. Für sie ist es ein Spiel. Wir müssen gar nicht an einen Krach denken, es reichen geringere Risiken, die dennoch gravierend sind und die für Reiche, für die professionellen Spekulanten zu diesem Spiel gehören, das zu verlieren sie sich erlauben können – wobei sie darauf spekulieren, daß sie den Verlust wieder wettmachen; doch für die Rentner, die von diesen Rentenfonds abhängig sind, wäre jeder Verlust fatal, wenn der Zeitpunkt ihrer Rente mit einer Aufhebung dieser Werte oder auch nur mit ihrem Fall einherginge. Was für die Spekulanten nur eine Lappalie ist, ist für sie ihre einzige Errungenschaft, von der ihre ganze Zukunft, ihr Alter abhängen.

Auf diese Weise ohne jede Sicherheit mit etwas jonglieren zu müssen, was gerade eine Versicherung sein sollte, grenzt an einen Skandal. Hier wird ein erworbenes Anrecht auf die Rente, auf genau festgelegte und bedingungslose Leistungen konfisziert; dieses Recht wird durch die Privatwirtschaft zugunsten der Spekulation entzogen. Die Rentner, deren harte Arbeit Firmen genährt hat, werden von den Zufälligkeiten der Fondsverwaltung und der ihrer Börsenkurse abhängig sein.

Warum setzt man diese Gelder nicht gleich beim Pferderennen? Das wäre doch unterhaltsamer, statt die Lobbys der Versicherungen und anderer Vermittler die Ersparnisse der künftigen Rentner plündern zu lassen, um sie im Casino zu setzen oder mit ihnen Lotterie zu spielen. Und statt der Privatwirtschaft zu ermöglichen, mit dieser riesigen Masse individueller Ersparnisse, die auf diese Weise langfristig und ohne Garantie verliehen werden, zu hantieren. Eine Wuchermethode, die alles bisherige in den Schatten stellt!

Wie viele Lobbys haben ein Interesse daran, daß es diese Fonds gibt, die die Unternehmen übrigens – weit davon entfernt, sie zu stärken – zu unverhältnismäßigen Renditen zwingen, sie auf diese Weise auf Wege führen, die nicht die ihren sind und die sie ihrer Identität, ihrer wahren Rolle berauben und sie auf gefährliche Weise destabilisieren – sie werden in diesen virtuellen Malstrom geworfen, in dem ihre realen Aktiva, ihre Kompetenzen und ihre ganze Existenz kaum noch von Bedeutung sind. Soweit es nicht darum geht, aus ihren Beschäftigten Mäzene zu machen, indem man ihnen Fonds abknöpft, die schließlich dazu führen, daß sie entlassen werden!

Ein genialer Trick, nicht nur zum Nutzen des Profits, sondern auch zu seinem Schutz. Denn im Vergleich zu dieser Initiative waren der Paternalismus von früher (einst die Spezialität eines Michelin) oder die von unseren Großeltern begründete Ära des Kredits, die beide die Tugend besaßen, Protest bereits frühzeitig zu bremsen, nur Kindereien. Von nun an sind es nicht mehr die Unternehmen, die man »staatsbürgerlich« will, sondern die Bürger, die von ihnen als Pseudo-Geschäftspartner und dennoch als reale *Sponsoren* rekrutiert werden. So sind sie noch fester an ein ultraliberales System gekettet, das zu ihrem Schaden wirken kann, nicht nur, weil es ohne Gegenmacht bleibt, sondern weil es von einer allgemeinen Doppelzüngigkeit profitiert.

Dasselbe gilt für die *Stock-options*,[34] die aus den Beschäftigten vermeintlich Partner des Unternehmens machen, welche an dessen Gewinnen teilhaben, als Kumpel des Verwaltungsrats und im Grunde als Miniatur-Chefs. Wie bitte, so wundert man sich, diese verdienstvollen Beschäftigten haben kein Anrecht auf die Gewinne (allerdings auch nicht auf die Verluste, aber warum darüber reden, wir sind ja mitten im Wachstum), sie werden ihren Teil des Kuchens nicht bekommen, ihren so verdienten Rang? … Peinlicher Irrtum! Teilen wir! Teilen wir! Seien wir großzügig! Seien wir alle und auf immer solidarisch!

Weshalb es nicht nur leicht wird, diese Beschäftigten davon zu überzeugen, daß alle Opfer gerechtfertigt sind, um die Aktienkurse zum Klettern zu veranlassen, und daß jede soziale Bewegung, die Forderungen stellen würde, für sie ruinös wäre. Diese Aktien werden auch immer mehr zur Traumform von einem Gehalt. Festgelegte, eingefro-

34 Der Fall von Philippe Jaffré – Vorstandsvorsitzender von Elf, der zusätzlich zu seiner Abfindung als Dank für eine unglaubliche Geschäftsführung 230 Millionen Franc [etwa 67 Mio. DM] in dieser Form erhalten hat –, hat zu allgemeiner Aufmerksamkeit geführt. Aber an derlei Praktiken nach dem Muster der »Affäre« Michelin ist in Frankreich wie im Rest der Welt nichts Außergewöhnliches; sie sind, wenn man so sagen kann, gängige Währung, und dies ständig und überall. Im Fall Jaffré war es überraschend zu sehen, daß Beschäftigte derselben Firma, die wie er aufgrund einer Fusion gefeuert wurden – und die im Gegensatz zu ihm nicht die geringste Verantwortung für die Leitung der Geschäfte trugen und sich nichts vorzuwerfen hatten –, als »Belohnung« das Anrecht auf die Schrecken der Arbeitslosigkeit erhielten.

rene Gehälter – und jegliche Erhöhung, jede Prämie, ja sogar ein Teil dieser Gehälter könnten in Form von mit Risiken verbundenen Aktien verhandelt werden, ohne daß das Unternehmen nur das Geringste ausgeben müßte. Und ohne irgendein Risiko für den Arbeitgeber, die Risiken lägen allein bei den Arbeitnehmern. Auf der einen Seite ein Einfrieren der realen Gehälter oder sogar ihre Reduzierung; auf der anderen termingerechte Vergütungen, Entlohnungen ohne klingende Münze, die vom guten Funktionieren des Unternehmens abhängen – und damit fraglos von der Gefügigkeit der neuen Kleinaktionäre und einer gestärkten Macht der »Entscheidungsträger«. Unmittelbare Ersparnisse, die sich auf eventuelle Gewinne gründen, aber die Kompensierung möglicher Verluste nicht garantieren: das Teilen von Verlusten, risikoabhängige Gehälter. Die Karikatur von einem Bündnis.[35]

Die gesamte Gesellschaft in einen Club kleiner Börsenspekulanten zu verwandeln, »frei« mit einem Teil der Gehälter zu spekulieren, die gewaltige Summe der Erspar-

35 »Sozialpartner« – eine seltsame Definition der Übereinstimmung zwischen Unternehmern und Gewerkschaftlern, die ihre Wünsche für die Wirklichkeit halten und von Partnern ausgehen, die sich hinsichtlich der sozialen Fragen derart nahe sind, die derart gute Freunde im selben Wohltätigkeitsverein sind, daß die Tatsache, sich als Gegner zu verhalten, eine höchst geschmacklose Aggressivität offenbaren würde. Ganz entschieden nimmt die ultraliberale Ideologie die Sprache zu Recht ernst. Aber warum diese semantischen Glanzleistungen hinnehmen? Warum nicht zum Beispiel ausdrücklich sagen, daß es sich hier um »soziale Verhandlungsteilnehmer« handelt, die keine anderen Gründe haben, sich zu begegnen, als die Tatsache, daß sie nicht übereinstimmen, daß ihre Interessen ständig divergieren, daß sie also keine Partner sind, sondern sich gegenüberstehen, ohne unbedingt zu einer Einigung gelangen zu müssen?

nisse jedes einzelnen zurückzuhalten, sie, noch immer »frei«, vor allem gegen ihre eigenen Inhaber zu verwenden, die infolge ihrer Verstrickung in diese Machenschaften nichts tun können – das ist die Apotheose des Ultraliberalismus!

Die Aktionäre, die an Leistungen hängen, die sich gegen sie auswirken, von ihnen aber gestützt werden, zu einem weltweiten Chor zu vereinen, wobei sich die Wachsamkeit jedes einzelnen auf den Erfolg dessen konzentriert, was ihn zerstört – Respekt!

Man konnte einmal sagen, daß »der Mensch dem Menschen ein Wolf« ist: Jeder Mensch ein Wolf für die anderen Menschen. Wird man jetzt jeden Menschen so weit treiben, daß er sich selbst ein Wolf ist und zugleich Partner der Wölfe, deren Beute er ist?

Nach welchem Gut streben wir?« Diese Frage sollten wir uns eigentlich stellen, statt uns ständig zu fragen, welchem Übel wir am dringendsten entgehen wollen. »Nach welchem Gut streben wir?« Eine verbotene Frage, denn es scheint wenig passend, Überfluß einzuklagen oder auch nur eine günstige Norm oder gar einen aufregenden oder harmonischen Lebenslauf anzustreben, wenn zugleich das Allernotwendigste immer mehr zur Mangelware wird. Kann man sich vernünftigerweise um Arbeits- und Lebensbedingungen Sorgen machen, wenn man sich schon zunehmend anstrengen muß, jene zwingenden, aber verweigerten Stellen zu finden, die für unser Überleben zentral wichtig sind, an denen es aber allenthalben mangelt?

»Nach welchem Gut streben wir?« Die Tatsache, daß wir die Qual der Wahl haben, sollte uns dennoch zu denken geben. Unsere Epoche birgt eine bislang ungeahnte Chance, sich zum Vorteil für die große Mehrheit zu wenden, wenn es nur gelänge, die neuen, phantastischen Technologien so zu nutzen, daß sie die Möglichkeiten der Lebensgestaltung vermehren, statt sie zu vernichten.

Ohne sich in Utopien zu verlieren oder den Himmel auf Erden zu phantasieren, könnte man sich doch ein Leben vorstellen, das intelligenter, auch kurzweiliger wäre, ein von vielen Zwängen befreites Leben, wo jeder seinen Platz findet und willkommen ist! Die Mittel dafür sind vorhanden. Wir haben diese Mittel *geschaffen.* Unsere

Spezies hat sie sich geschaffen. Aber sie hat sie sich auch wieder nehmen lassen – von ein paar Leuten, die sie sich angeeignet haben oder sie mißbrauchen. Aber wir können diese Mittel zurückgewinnen.

Durch den Einsatz moderner Technik von den meisten niederen, groben oder sinnlosen Arbeiten befreit, hätte jeder Mensch eigentlich Zeit für sehr viel interessantere Tätigkeiten und wäre nicht, wie so viele heute, zur Arbeitslosigkeit verurteilt. Er könnte sich in einer Welt betätigen, in der es keinen Grund mehr gäbe, Begabungen und Anlagen zugunsten von Tätigkeiten zu unterdrücken, die Maschinen übernehmen können; diese würden endlich Beachtung und den nötigen Entfaltungsraum bekommen und könnten im Dienste wahrer Notwendigkeiten und ohne Rentabilitätszwang eingesetzt werden.

Wie nie zuvor müßten sich heute wichtige Berufe und Handwerke verbreiten – doch ihr Mangel wird paradoxerweise immer offenkundiger. Dabei haben kostenfreie Ausbildung und die Demokratisierung des Studiums der großen Mehrheit ermöglicht, solche Berufe zu ergreifen. Sie haben sie gelernt. Nun erleben wir, wie die entsprechenden Arbeitsplätze sich mit schwindelerregender Geschwindigkeit auflösen oder zu Arbeitsplatzkarikaturen verkommen: Ihre Inhaber werden mit leeren Versprechungen abgespeist, während zugleich die Handwerke und Berufe geringgeschätzt, vernachlässigt, achtlos beiseite geschoben, als Luxusgüter verdammt werden, abgetan als netter, altmodischer Plunder, als Verlust- und Verschwendungsfallen, als Gipfel der Unwirtschaftlichkeit. Der schlagende Beweis dafür, daß es abseits der Wege der Spekulation kein Heil gibt.

Unfaßbar ist, daß in Zeiten des erklärten Kampfes gegen Arbeitslosigkeit und für Beschäftigung ganze Berufszweige unter einem chronischen Mangel an Arbeitskräften leiden. Und zwar so sehr, daß Gymnasiasten und Studenten mit ihren Lehrern auf die Straße gehen, um für eine angemessene Vergrößerung des Lehrkörpers zu demonstrieren und auf diesen offenkundigen und bedrükkenden Mangel aufmerksam zu machen. Und wie lautet die deutliche oder auch implizite Antwort darauf? Zu teuer! Wie stünden wir denn in Brüssel und anderswo da, wenn wir uns solche öffentlichen Ausgaben aufhalsen würden? Und so geht der Posten- und Personalabbau munter weiter. Wenn die Proteste schließlich die Ordnung zu stören drohen, dann werden Aushilfskräfte eingestellt, die aber wohlweislich keine feste Anstellung bekommen. Oder man treibt irgendwelche ehemaligen, noch nicht umgeschulten Lehrer auf. Ihnen allen gemeinsam sind Unterbezahlung und Unsicherheit. Das wird auch das Schicksal vieler von den Studenten sein, die sich heute dagegen zu wehren versuchen.

Soll man wirklich zulassen, daß das Wirtschaftsleben einer Logik folgt, die will – und verlangt! –, daß Männer und Frauen zwecks Produktivitätssteigerung wie wertloser Müll weggeschmissen werden, statt daß man das System überprüft, das eine solche Logik hervorbringt? Anders gefragt, sollen wir wirklich ins 19. Jahrhundert zurückkehren und eine überholte Gesellschaftsform wiedereinführen, statt die Wirklichkeit den Bedürfnissen der Menschen anzupassen?

Hier geht es nicht um Träumereien, sondern um das Erwachen aus einem Alptraum. Das Erwachen in einer Welt, in der es möglich wäre, Schluß zu machen mit einer falschen Sparpolitik, mit den perversen Kürzungen, die unter anderem im Bildungswesen vorgenommen werden, wobei darauf gebaut wird, daß die Jugend schnell vergeht und die Neulinge Jahr für Jahr immer wieder von vorn anfangen müssen, unverzagt zwar wie ihre Vorgänger, doch wie diese mit sehr wenig Zeit zur Verteidigung ihrer langen Zukunft.

Auch hier zeigt sich der Ernst und die hohe Dringlichkeit der Aufgabe. Die jungen Männer und Frauen, die während ihrer Studien für eben diese Zukunft kämpfen müssen, wissen, daß dieser Lebensabschnitt der Chancen und Möglichkeiten knapp bemessen ist, daß er sich nicht wiederholen und daß der ganze weitere Verlauf ihres Lebens davon abhängen wird. Sie sind zermürbt von diesem kräfteschleißenden Kampf, und ihnen ist bewußt, was sie zu verlieren haben: alles. Sie wissen, welche Gefahren und welche Rückschläge ihnen aus einer Niederlage erwachsen, auch wenn das Studium heute ohnehin nicht mehr die gleiche Garantie für die Zukunft darstellt wie früher einmal.

Wenigstens gibt es in Frankreich nicht nur ein kostenloses Schulwesen, sondern auch kostenlose Hochschulen, was heute übrigens auch schon in Frage gestellt wird … Die Lobby braucht man nicht lange zu suchen! Und diesmal im Verein mit einem gewissen Schlag von Intellektuellen! Man lausche ihrer Propaganda! Ihrem Kummer darüber, daß so viele junge Menschen einem Wissen geopfert werden, das nicht ausschließlich dazu bestimmt ist, ihnen die Tore der Unternehmen zu öffnen (die ihnen wahrscheinlich sowieso verschlossen bleiben werden), und darüber, daß – wie sie sagen – Leute in Geheimnisse der Wissenschaft eingeweiht werden, die niemals davon Gebrauch machen werden. Leute, die ihrer Meinung nach – man ahnt es – eine solche Weihe gar nicht verdienen und, statt sich in die auserwählten »Eliten« einreihen zu wollen, sich damit begnügen sollten, ihren Platz zu kennen und an diesem zu bleiben. Damit man danach nur noch dafür zu sorgen braucht, daß sie wie Schafe der Herde folgen.

Ein System mit zwei (oder mehr) Geschwindigkeiten: Das ist der Schlüssel zu dieser Bildungsphilosophie, die von Beginn der Sekundarstufe an nur noch eine begrenzte Zahl von Schülern fördert. Trostlosigkeit der Berufsschulen, die von vielen der Heranwachsenden, die dort nicht immer freiwillig landen, als ein Zeichen des sozialen Abstiegs, als ein endgültiges Verdikt erlebt wird, das sie zu einem untergeordneten Schicksal verurteilt. Weder die Schulen und deren Ausstattung noch die Zahl der dort tätigen Lehrkräfte können dieses Urteil widerlegen. Die Schule ist nicht rentabel, also weg mit den Lehrern, weg mit einer Tradition, die Chancengleichheit für alle zum Ziel hatte – und sei es nur symbolisch.

Die Betroffenen wissen: Sie werden abgeschrieben – oder sollte man »deklassiert« sagen? Jene, die nun laut protestieren und meinen, nichts sei nützlicher, förderlicher als diese Berufsschulen,[36] sollte man einfach fragen, wo ihre Kinder und die Kinder ihrer nächsten Verwandten denn ihre weiterführende Ausbildung erhalten. Man braucht sich nur nach der Zahl der Schüler aus besseren, wohlhabenden Schichten zu erkundigen, die diese so gepriesenen Berufsschulen besuchen. Man wird dort ausschließlich Kinder und Jugendliche aus benachteiligten Familien finden. Nun könnte man sich natürlich darüber empören, daß letztere ein solches Privileg an sich gerissen haben, das gerade von den Leuten so wortreich gepriesen

36 Es sind die gleichen, die in den 70er Jahren, als Apostel der damaligen Mode, mit lyrischen Worten und verklärten Blicken die Rückkehr zur »körperlichen Arbeit« anpriesen – für die Kinder der anderen.

wird, die es verschmähen und – offenbar voller Selbstlosigkeit – ihren Sprößlingen vorenthalten, die im Gegenteil auserkoren sind, in Spitzeneinrichtungen eine humanistische oder wissenschaftliche Ausbildung zu erhalten, die ihnen alle Türen öffnet.

Sehen Sie sich die Augen der Jugendlichen an, die ein »Anrecht« auf diese Berufsschulen haben. Ihre Traurigkeit. Ihr Blick schwankt zwischen Bedauern und Resignation und einer Rebellion, deren Vergeblichkeit sie schon erkannt haben. In diesen Augen liegt der Ausdruck eines stummen Verzichts, als hätten sich diese Kinder von einem Teil ihrer selbst verabschiedet, als wüßten sie um diese erste große Niederlage ihres Lebens. Sie haben die demütigende Trennung von ihren Schulkameraden erlebt, die inzwischen an weiterführenden Gymnasien lernen und von denen sie jetzt auf immer getrennt sein werden. Eines wenigstens wird ihnen beigebracht werden (und das wissen sie): zu resignieren.

Werden sie in ihrer Resignation versinken? Werden sie vor dieser archaischen Diskriminierung kapitulieren? Sie führt uns unmittelbar zurück in die Zeit der *Comtesse de Ségur*[37], in die Zeit einer ehernen, für die Ewigkeit geschaffenen Ordnung, als man noch zwischen »Untertanen« und einer Elite von Gottes Gnaden unterschied. Es sind die gleichen archaischen Denkmuster, deren sich die politische »Moderne« heute so rühmt.

Doch es geht hier nicht darum, einer Hierarchie der Berufsstände das Wort zu reden oder eine solche vorzuschlagen, sondern vielmehr darum festzustellen, daß einige Berufe massiv geringgeschätzt werden, was die enorm

37 Verfasserin populärer Kinderbücher des 19. Jahrhunderts. [A. d. Ü.]

unterschiedliche Behandlung der verschiedenen Bildungswege zum Nachteil des »beruflichen« Bildungswegs beweist. Wenn es tatsächlich keine Hierarchie der Berufe gibt, wie es mit Inbrunst jene verkünden, die bestimmte Berufe gerade den Jugendlichen aufnötigen wollen, denen sie den Zugang zu anderen verwehren, dann gibt es keinen Grund, warum nicht jeder junge Mensch – welche Zukunft er für sich auch in Betracht zieht – ein Anrecht auf eine ebenso vollständige Schulbildung haben sollte wie alle anderen. Die Entscheidung, hier einige auszuschließen, bedeutet, daß man sie bereits mit einem Etikett versehen hat. Ihre Zukunft wird bestimmter Möglichkeiten beraubt, und sie werden schon in ihrer Kindheit nur deshalb gesellschaftlich deklassiert, weil ihre Eltern nicht ausreichend begütert sind. Dabei war das Ziel der republikanischen allgemeinbildenden Schule, allen die gleichen Chancen zu gewähren – was vielleicht illusorisch ist, aber die Befürworter des Gegenteils ein wenig in die Schranken weist.

Die Willkür oder vielmehr die aufgezwungene Gerichtetheit einer solchen Einteilung der Kinder, die meist ohne jeden Bezug zu ihrer Persönlichkeit, zu ihren Wünschen und Veranlagungen erfolgt, darf nicht zugelassen werden. Ihr Schicksal hängt davon ab. Wenn man erraten kann, welche Schüler die besten »Aussichten« haben, an eine Berufsschule zu gelangen, dann kann man mit noch viel größerer Bestimmtheit sagen, welche Schüler, ganz unabhängig von ihrem Intelligenzniveau, diese Schulen nicht besuchen werden. Das ist eine Form der frühen Apartheid, die in keiner Weise auf die Intelligenz der Kinder referiert, sondern auf ihre Herkunft. Das ist das Empörendste daran.

Man wird einwenden, daß unter denen, die auf diese

Weise ausgesondert werden, einigen die Wahl, die ihnen zwar aufgezwungen wurde, doch vielleicht auch selbst lieber ist. Würden sie aber einem anderen Milieu angehören, so hätten ihre Familien diese Wahl nicht erlaubt und schon gar nicht vorgeschlagen. Dieses ablehnende Verhalten dieser Familien (für die eine solche Wahl gar nicht ansteht) wäre im übrigen weise: Der restriktive Charakter der Ausbildung an Berufsschulen stellt einen entscheidenden Nachteil dar. Er wird auch nicht durch die Berufsperspektiven gerechtfertigt, die hier angeblich geboten werden, indem die Berufsschule die Schüler in großer Zahl dazu ausbildet, gut vorbereitet in die Unternehmen zu gehen – die sie aber (in welcher Form auch immer) immer weniger brauchen, dafür aber hochqualifizierte Fachkräfte anfordern. Diese Kinder, diese jungen Menschen werden umsonst vorbereitet und geformt, man könnte auch sagen »zurechtgehobelt«, sicherlich auch, damit die Kinder aus bessergestellten Familien freie Bahn und mehr Raum sowie mehr Lehrkräfte und die besten Schulen erhalten, mit deren Abschluß sie sich dann eine bessere Zukunft sichern.

Gewiß, auch junge Leute und Erwachsene mit Hochschulabschluß schließen immer öfter mit der Arbeitslosigkeit[38] Bekanntschaft – was in allen Gesellschaftsschichten, selbst in den sehr privilegierten Kreisen, Zweifel hinsichtlich der Richtigkeit der gegenwärtigen Weltpoli-

38 Man kennt unzählige Fälle von jungen Leuten – oder von Erwachsenen – mit Hochschulabschluß, die nur unqualifizierte Tätigkeiten finden, die sie annehmen müssen, um überhaupt ihren Lebensunterhalt zu verdienen. Und gleichzeitig nehmen sie mit ihrer zu hohen Qualifikation für Stellen, die diese gar nicht erfordern und zu den schlechtestbezahlten gehören, nicht qualifizierten Bewerbern (eben jenen mit Berufsfachschulab-

tik aufkommen läßt. Und das liegt nicht an der allgemeinen Schulbildung, die ihnen geboten wird, sondern an der anachronistischen, geschlossenen Gesellschaft, die sie erwartet. Oder, genauer gesagt, nicht erwartet.

Obwohl der schulischen Orientierung keine große Bedeutung beigemessen wird, findet sie viel zu früh statt. Man weiß ja, wie sehr die Fähigkeiten, die allgemeinen Anlagen und die wirklichen Neigungen, die den Lebensweg der Kinder bestimmen sollten, sich im Lauf der Zeit ändern, oft erst spät in Erscheinung treten und dann für wahre Überraschungen sorgen können. Die Kinder und Jugendlichen müßten alle Chancen bekommen und nutzen können. Sie dieser Chancen zu berauben, ist ein Zeichen von Dummheit oder Ausdruck des Wunsches, sie so schnell wie möglich von der Bühne abtreten zu sehen.

Die humanistisch genannte, das heißt allgemeine Schulbildung ist von entscheidender Bedeutung, auch und vor allem im Hinblick auf eine spätere stärkere Spezialisierung. Wenn ein Großteil – der ärmere Teil – der Jugend dazu nicht befähigt scheint, dann liegt die Verantwortung dafür bei der Gesellschaft. Es gibt keinen wirklich triftigen Grund, warum Kinder des einen Stadtviertels weniger begabt sein sollten als Kinder anderer Stadtviertel. Dem Mißstand kann also abgeholfen werden, und die Schwierigkeiten, deren Lösung zu längst fälligen Strukturveränderungen führen würden, wären darüber hinaus eine gute Gelegenheit, um ein Minimum an sozialen Normen und wirklicher Ordnung herzustellen, da man sich dazu

schluß) die Chance, angenommen zu werden. Eine Politik erbärmlicher ultraliberaler Einsparungen, die auf kulturellem Verfall und der Preisgabe der Zukunft beruhen, die den künftigen Generationen versprochen wird.

mit den verschiedenen Faktoren auseinandersetzen müßte, die ein strukturelles Unrecht konstituieren, für welches die Berufsschulen Symptom und Symbol sind.

Diese halboffizielle Kluft, die die schulische Ausdifferenzierung steuert und die so oft eine Aussonderung bestimmter sozialer Gruppen zur Folge hat, ist alles andere als geeignet, diejenigen aufs Leben vorzubereiten, die es am nötigsten brauchen. Die beste Art, sie zu wappnen, zu motivieren und zu schützen, ist eine Schulbildung, die ihnen alle erdenklichen echten geistigen Werte vermittelt, statt aus ihnen billige Arbeitskräfte für Betriebe zu machen, die ihnen später sowieso Roboter vorziehen werden.

Eine an sich gar nicht unvernünftige Bevorzugung im übrigen, nicht einmal unter ethischen Gesichtspunkten. Denn warum sollte man einen Mann oder eine Frau Arbeiten verrichten lassen, die inzwischen von Maschinen übernommen werden können? Warum menschliche Energie für solche Tätigkeiten verschwenden, statt sie für sehr viel befriedigendere Aufgaben einzusetzen? Schäden, die durch Maschinen verursacht werden, kann man diesen nicht anlasten, sie resultieren aus der Versessenheit darauf, Menschen und Maschinen konkurrieren zu lassen, und aus der Tatsache, daß man eine neue Ära ohne Menschen bereits eingeleitet hat, während man letztere zwischen den Überresten der alten Ära sich selbst überläßt. In einer gesellschaftlichen Ordnung, die nicht mehr mit den aktuellen Gegebenheiten übereinstimmt, die es aber erlaubt, eine Bevölkerung, die auf künstliche Weise überflüssig geworden ist, weiter zu unterjochen.

Muß man sich da wundern, wenn gerade diese allgemeine Schulbildung manchen Schülern vorenthalten wird – Bildung, deren Zweck es wäre, den kritischen Verstand zu schulen, das Bewußtsein zu schärfen und das Selbstbewußtsein zu stärken und mit ihm auch das Bewußtsein, daß man ein Recht auf Achtung hat? Es ist keine Kleinigkeit, allen die verschiedenen Bildungswege offen zu halten, die uns mit den menschlichen Potentialen vertraut machen und am möglichen Wunder des Menschseins teilhaben lassen, durch unzählige Stimmen, die zwar längst verklungen, aber nicht vergessen sind und die die Menschheit lange Zeit vernommen, verstanden und immer wieder neu verinnerlicht hat! Wirklicher Unterricht befähigt dazu, sich Mittel anzueignen, mit denen man das Leben auch leben und nicht nur »verdienen« kann.

Mit welchem Recht wird gerade das abgeschafft, was diese Wege ebnet? In einer Zeit, da Ausbildung, Kommunikation und Übertragung technisch einfacher und zugleich immer unerreichbarer und ungewisser werden, wodurch so manchem der Weg in ein sinnvolleres Leben versperrt wird? Das einzige, was allen offensteht – oder sollte man sagen: allen im Übermaß verabreicht wird –, ist die Werbung. Wie einer ihrer »Macher« sagte: »Die Werbung ist großzügig, denn sie wird ausnahmslos allen geboten.«[39]

Abgesehen von einigen seltenen Ausnahmen wäre eine Reduzierung der Fächer oder ihres jeweiligen Umfangs nur zum Schaden für die schulische Bildung. Die Wechselbeziehung zwischen den einzelnen Wissensgebieten und ihre gegenseitige Durchdringung sind entscheidende Faktoren jedes Unterrichts. Die Schulung des Denkvermögens und der Kritikfähigkeit, die Anleitung zu geistiger Beweglichkeit – das ist die wahre Aufgabe der Schulbildung. Das große Privileg der Kinder und Jugendlichen

39 Maurice Lévy, Geschäftsführer von Publicis, auf *LCI*, 1999.

bestünde gerade darin, daß sie ihr demokratisches Recht auf die große Zeit des Lernens voll in Anspruch nähmen und nicht dazu bestimmt wären, wie austauschbare Spielfiguren entweder in den Dienst des Profits (der gut darauf verzichten kann) gestellt oder weggeworfen zu werden.

An die Vorzüge der Berufsschulbildung werde ich erst glauben, wenn sich jene darum schlagen werden, die heute dringend darum bemüht sind, ihre Kinder im *Lycée Henri IV*, im *Lycée Louis-le-Grand* oder in der *École Alsacienne* unterzubringen[40]. Oder wenn Minister ihre Kinder zur Berufsschule schicken. Und man wird mich niemals davon überzeugen, daß alle Schüler, die zu einem Facharbeiterzeugnis, zu einer rein »technischen« Ausbildung geführt werden, dabei am besten aufgehoben sind. Dieser »Ausbildungsgang« sollte vielmehr verschwinden und einer »technischen« Ausbildung für alle Platz machen – so wie alle Schüler ja Sportunterricht haben.

Die Bildungsstätten der »Lebenskräfte der Nation« sind damit von vornherein den Sprößlingen der amtierenden »Lebenskräfte« und denen vorbehalten, die sozial nicht allzu weit von ihnen entfernt stehen. Da ja all die anderen schon dazu bestimmt sind, ihre Untergebenen zu werden – und sogar noch kämpfen müssen, um es zu werden! Um nicht auch noch diesen Status zu verlieren.

In Wahrheit ist es so: Je ungünstiger die materiellen Voraussetzungen sind, um so wichtiger ist es für einen Jugendlichen, sich in einem geistig weiten und komplexen Raum bewegen zu können, zu den faszinierenden Bereichen des schöpferischen Denkens vorstoßen zu dürfen, die zu einem besseren Selbstverständnis führen, die

40 D. h. in den elitären Pariser Gymnasien mit Vorbereitungsklassen für die Elitehochschulen. [A. d. Ü.]

Kritikfähigkeit schärfen und dazu befähigen, auch nein zu sagen und sich eine Existenz zu gründen, die nicht allein von fremden Autoritäten abhängt. Ebensogut gewappnet zu sein wie jene, die sich ihm überlegen dünken und sich anmaßen, ihn als belanglos und überflüssig anzusehen und ihm das auch noch einzureden. So wäre er oder sie schließlich in der Lage, sich gegen eine solche Abqualifizierung zu wehren. Man sieht nur zu deutlich, daß manche Leute ein Interesse daran haben, so etwas nicht zuzulassen.

Zusammengefaßt läßt sich sagen: Das Bildungswesen mit unterschiedlichen Geschwindigkeiten, für das es keine spezifischen Gründe gibt, ist eine himmelschreiende, antirepublikanische Ungerechtigkeit, und der heuchlerische Zynismus, mit dem diese vertreten wird, steht ihr in nichts nach. Es zielt darauf ab, daß manche Kinder aufgrund ihrer Herkunft eine Schmalspur-Ausbildung bekommen, die möglichst viele Chancen verhindert und sie zu Auszubildenden macht, die als Billigarbeitskräfte an Unternehmen verschachert werden. Diese Unternehmen entledigen sich ihrer dann nach fünf Jahren, wenn die Subventionen auslaufen, oft ohne sie im geringsten ausgebildet zu haben. Sie wurden nur benutzt. Und wie viele, die in diese Bahn gelenkt wurden, damit sie schneller die »Arbeitswelt« kennenlernen, lernen früher, als ihnen lieb ist, die Welt der Arbeitslosigkeit kennen!

Die Partnerschaft zwischen Schule und Unternehmen erreicht hier den Höhepunkt der republikanischen Verirrungen. Obgleich diese Partnerschaft – das versteht sich von selbst – als sehr nützlich gepriesen wird, schafft sie innerhalb des von der Allgemeinheit finanzierten nationalen Bildungswesens einen willkürlichen Freiraum des allgemeinen, offenkundigen Nicht-Unterrichts, ein Ghetto, da die Schule faktisch die soziale Ungleichheit festschreibt und Kinder, die ärmer sind als andere, von einem großen Teil des Unterrichts fernhält und diese weniger privilegierten Kinder auf eine dienende Funktion vorbereitet. Sie werden vom Unterricht »für alle« ausgeschlossen, der möglicherweise besonders für sie wichtig wäre, da sie nur hier Zugang zu bestimmten Fächern erhalten können. Damit bekämen sie ein Rüstzeug, aber vor allem das Angebot einer Vision, eines Welt- und Werteverständnisses, in dem Rentabilität keine Rolle spielt – sie bekämen Werte, die das Leben lebenswert machen können.

Gefährliche Werte, wie man sieht …

Wo ist der wertvolle, wirklich laizistische Unterricht, der so objektiv wie möglich und nicht nach einem neuen Dogma erteilt würde, nach einer Ideologie, die unverrückbare Hierarchien verkündet und Leben verplant, die letztlich bereits gelaufen sind, die Leben von Kindern, die aus den meisten Bereichen der Gesellschaft ohnehin schon ausgeschlossen sind?

Das Eindringen der Unternehmen in die Schule und damit der Vormarsch einer ultraliberalen Ideologie sowie deren unmittelbarer Zugriff auf diesen grundsätzlich laizistischen und neutralen Ort wäre vor kurzem noch ein völlig undenkbarer Rückschritt gewesen. Heute ist dies symptomatisch für eine politische Entwicklung, die darauf gerichtet ist, die Starken zu fördern und zugleich den Abstand zu den anderen zu vergrößern. Dieses Eindringen ermöglicht es, die Pionierarbeit eines Systems zu vervollständigen, das nicht daran interessiert ist, sich Menschenmaterial zu sichern, sondern großen Wert darauf legt, selbiges komplikationslos auszusondern.

So wird offiziell die Spreu vom Weizen getrennt, zur Resignation »ausgebildet« und auf die vorgesehene dienende Funktion so vorbereitet, daß die Betroffenen sich von Anfang an ihrer Minderwertigkeit bewußt sind. Vor allem werden sie aber dergestalt erzogen, daß sie nur die Wege gehen, die für sie bestimmt wurden. Und deshalb werden bereitwillig die Löhne, Arbeits- oder Arbeitslosigkeitsbedingungen akzeptiert, die ihnen gewährt werden. Für die Sprößlinge aus den besseren Kreisen dagegen ist die Bahn frei.

Was ist noch demokratisch oder republikanisch an dieser frühen Ausdifferenzierung, die die Marktwirtschaft mit Menschenmaterial versorgt, welches garantiert »einsatzbereit« oder bereit zur Arbeitslosigkeit ist?

Auf diese Weise schreitet die »Moderne« voran und entdeckt Prinzipien, die ihr neu scheinen, die uns aber seltsam bekannt vorkommen: Die Armen müssen von Anfang an auf ihren Platz verwiesen werden, sie sollen die Arbeit verehren, auch dann arbeiten, wenn es keine Arbeit gibt, und jedenfalls weiterhin arm bleiben, aber – eine Frage der Ehre – immerhin arm mit Arbeit! Man muß doch zugeben, daß es sich um unverkennbar originelle Ideen und um einen beachtlichen Fortschritt handelt! Leider ziert der archaische Grundsatz der Gleichheit noch immer die Giebel unserer Rathäuser, und das Wort von der Chancengleichheit blüht weiterhin in schönen Sonntagsreden.

Die Tatsache, daß manchen Kindern so brutal genau die Rechte vorenthalten werden, für deren Durchsetzung zahllose Männer und Frauen im Verlauf der Geschichte hart gekämpft haben, ist nicht nur eine Verletzung ihrer von der republikanischen Verfassung garantierten Grundrechte, sie macht uns alle ärmer.

Doch ist dies nur ein Beispiel für einen gewissen zeitgenössischen Geiz, für eine Habgier, die unsere heutigen und künftigen, noch verbesserungsfähigen Errungenschaften in Frage stellt, die Gesellschaft dadurch zunehmend kärglicher werden läßt und damit ihr Überleben aufs Spiel setzt.

Von welchen Hoffnungen lebt eigentlich der Club der Ultraliberalen? Welche Zukunft stellt er sich vor? Die feuchtfröhliche von beschwipsten Managern und Pensionären?

Ist es denn normal, daß in Zeiten der Arbeitslosigkeit Menschen aus so vielen Berufen (und nicht nur Studenten und Oberschüler) auf die Straße gehen oder in den Streik treten müssen, nicht etwa, um höhere Löhne zu fordern, sondern um mehr Personal einzufordern, das für die Bewältigung ihrer Aufgaben und oft auch zur Sicherheit der Menschen dringend gebraucht wird? Man möchte jedesmal glauben, daß es sich nur um ein Mißverständnis handelt oder um gewöhnliche Gedankenlosigkeit. Wie bitte? Man hört immer nur »Kampf gegen die Arbeitslosigkeit«, »Vorrang der Beschäftigungspolitik« – und so viele freie Stellen werden nicht wieder besetzt? Das ist sicher nur ein Versehen, ja man hört schon den Dank: »Oh! Wie gütig, daß Sie uns auf diese offenen Stellen hinweisen, die fatalerweise vernachlässigt wurden! Ein bedauerliches Versehen! Dem wird abgeholfen!«

Mitnichten. Die Unternehmer, die für Wachstum sorgen, indem sie die Arbeitslosenzahlen wachsen lassen, werden zwar ein bißchen gescholten, doch dann kehren die Politiker zu ihren etwas verstaubten Beschäftigungskatalogen zurück und verteilen wieder ihre Hilfsmittelchen und Placebos, mit denen sie, wenn sie die Statistiken minimal verbessern, so doch das Bild der Arbeitslosigkeit unverändert lassen, eine nunmehr strukturelle Armut erhalten und auch die Unsicherheit perpetuieren.

Das erklärt auch den Aufwand, der getrieben wird (wenn denn überhaupt etwas geschieht), um den Anschein zu erwecken, man sei doch zu etwas nütze. Oder um zu einem Spottlohn einen Fachmann zu ersetzen, der angemessen hätte bezahlt und fest angestellt werden müssen und statt dessen in die Arbeitslosigkeit entlassen wurde. Wie viele Praktikanten gibt es zum Beispiel, die – gering bezahlt – Stellen besetzen, die vor kurzem noch mit unbefristeten Verträgen und normalen Löhnen versehen waren, heute aber jungen Menschen angeboten werden, die wiederum nach Ablauf des Praktikums selten einen Vertrag bekommen, eine Weile vielleicht noch hingehalten werden, bevor sie sich beim Arbeitsamt zu den Fachkräften gesellen, die sie zeitweilig vertreten haben.

Was soll man vom Personalabbau halten, der im öffentlichen Dienst oder im staatlichen Sektor im Einverständnis mit einem Großteil der Bevölkerung vorgenommen wird, die man in solchen Fällen so gut zu spalten weiß? Ist es wirklich vernünftig oder gar normal zu behaupten, man wolle die Arbeitslosigkeit abschaffen (oder auch nur senken), wenn man zugleich solche Schneisen in den Arbeitsmarkt und seine einzige noch geschützte Form schlägt? Wäre es nicht logischer zu verhindern, daß weitere Auswege blockiert werden?

Es wäre auf jeden Fall vernünftig, man könnte diese Fragen stellen, ohne gleich ein wildes, primitiv-demagogisches Geschrei und jene stets wiederkehrenden kabarettreifen Schmähreden gegen »die Beamten« hervorzurufen. Während letztere offen auf Kosten des Staates, also des Steuerzahlers leben und dafür überaus wichtige Aufgaben erfüllen (wenn man der Meinung ist, daß sie es schlecht tun, dann ist das ein anderes Problem, das sich lösen läßt), so leben andere, die in ganz anderen Bereichen tätig sind, in aller Ruhe und noch stärker auf Kosten der Steuerzahler, jedoch nicht offiziell und ohne Gegenleistung, es sei denn in Form von Entlassungen: von den Führungskräften, die in den Genuß von kaum zu versteuernden *Stock-options* gelangen, bis zu den Unternehmern, die Subventionen und andere Vergünstigungen erhalten, um (nicht) einzustellen, ganz zu schweigen von anderen privaten Nutznießern öffentlicher Mittel.

Sprechen wir nicht von den phantastischen Gewinnen, die dank der Entlassungen an der Börse erzielt werden. Die Kosten dafür trägt allerdings der Staat, das heißt der Steuerzahler, der einen großen Teil der Ablösesummen und sämtliche Arbeitslosengelder finanziert und bei Verlegung der Standorte ins Ausland zu guter Letzt auf die künftigen Steuern dieser Plünderer verzichten muß.

Diese wenigen Beispiele zeigen, wovon unsere Aufmerksamkeit abgelenkt werden soll, wenn, oft ohne rechte Begründung, überaus dürftige Anschuldigungen gegen den öffentlichen Dienst erhoben werden.

Nicht unerwähnt soll bleiben, daß der öffentliche Dienst der Bereich ist, in dem sich die Beschäftigten an Aktionen, Demonstrationen und Streiks beteiligen können, ohne Gefahr zu laufen, ihren Arbeitsplatz zu verlieren, eine Gefahr, die im privaten Sektor oft lähmend wirkt. Erinnern wir uns an die Streiks vom Dezember 1995 in Frankreich und an eine gewisse Dankbarkeit, die trotz der damit verbundenen Unannehmlichkeiten von der Bevölkerung zum Ausdruck gebracht wurde, weil der Unmut, den man empfand, durch diejenigen zum Ausdruck gebracht wurde, die es sich noch erlauben konnten. So wäre manch einer froh, wenn auch dieser freie Raum des Protests weiter begrenzt oder gar abgeschafft würde.

Vor allem aber wird dieser öffentliche Dienst, der als

nicht rentabel bezeichnet wird, da er der Privatwirtschaft keinen direkten Gewinn bringt, umgekehrt von eben dieser mit großer Ungeduld als gewinnträchtiger Sektor begehrt.[41] Die oben erwähnte Feindseligkeit hat sicher mit dieser Ungeduld etwas zu tun und nutzt ihr. Sie trägt Früchte, und so erleben wir, wie die Privatwirtschaft, sobald sie die Privatisierung durchgesetzt hat, die nach ihrer Sprachregelung befreiten, »liberalisierten« Bereiche an sich reißt und Arbeitsplätze streicht, den Status der Angestellten und deren Arbeitsbedingungen verschlechtert und die Löhne kürzt, die sie zuvor propagandistisch zu verteufeln half. Privatisierungen, Reprivatisierungen und Vorprivatisierungen verbessern in keiner Weise die Qualität oder die Effektivität der Arbeitsplätze, sie führen zum Stellenabbau, zum Nachteil der Nutzer.

In England, wo das Bahnwesen privatisiert wurde, konnte ein schweres Zugunglück wie das von Paddington Ende 1999 als eine Folge dieser Privatisierungspolitik dargestellt werden, auch wenn solche Unfälle leider auch in Ländern vorkommen, in denen die Eisenbahn noch immer vom Staat betrieben wird. Das Unglück hat vor allem dazu beigetragen, die unglaubliche Mißwirtschaft und Desorganisation in einem früher normalen Transportunternehmen aufzudecken, das auf allen betrieblichen Ebenen stark umstrukturiert worden war – nach Kriterien, die fatal für die Sicherheit waren, und übrigens auch für den Komfort, auf den die Fahrgäste bis dahin Anspruch hatten.

41 Natürlich nicht im Hinblick auf hohe Investitionen in der Infrastruktur, die von der Allgemeinheit getragen werden, sondern wegen jener Bereiche, die durch kostspielige Sanierungen durch den Staat wieder einträglich geworden sind.

Immer diese quälende Sorge: sparen, immerzu sparen. »Gespart« wird um den Preis eines offenkundigen Verfalls. Darum stellt sich wieder und wieder dieselbe Frage: Wozu? Mit welchem Ziel? Zu wessen Nutzen – oder ist es nur des Profits wegen? Denn noch einmal, der Grund dafür ist ja wohl nicht der allgemeine Bankrott!

Einsparungen in den öffentlichen Finanzen oder bei den Beschäftigungskosten werden zu einer Regel, die inzwischen als ebenso notwendig wie tugendhaft gilt. Ein Selbstzweck. Doch wenn es wirklich einen Zweck gibt, dann sind es Arbeitsplätze, die abgebaut wurden, Rechte, die wie auch die meisten Sicherheiten abgeschafft wurden, und die Hoffnung, auch ohne Vermögen und ohne hohen sozialen Rang ein gesichertes, sorgenfreies, geschütztes Leben führen zu können.

Die durch Einsparung in lebenswichtigen Bereichen freiwerdenden Mittel werden sofort in die Spekulation gesteckt, was in kürzester Zeit wenigen Leuten gewaltige Gewinne bringen wird – durch Börsengeschäfte, von denen künftig alles abhängt und nach denen sich alles richtet.

Aber wie steht es heute um die Verbraucher, die vermeintlich unverändert ihre Rolle spielen, eine der letzten, die uns noch zugebilligt werden, die »königliche« Rolle der Kunden? Was für eine Macht haben sie inne? Wie steht es um ihren Einfluß auf die Privatwirtschaft?

Wie paßt sich die Marktwirtschaft an die spektakuläre Zunahme der Masse der Menschen an, die selbst in den reichen Ländern an oder unterhalb der Armutsgrenze leben? Wie kann sie sich den enormen Verdienstausfall, den Verlust von Verbrauchern erlauben, der aufgrund der Arbeitslosigkeit, der niedrigen Arbeitslosengelder, der schlecht bezahlten und unsicheren Arbeiten, aber auch wegen der »Mäßigung bei den Gehältern«[42] immer größer wird? Sollte sie nicht zum eigenen Vorteil Interesse daran haben, die Entlassungen zu bremsen, dafür zu sorgen, daß Beihilfen, aber auch Löhne und Gehälter erhöht werden? Müßte sie sich nicht von der Hemmung befreien, welche die ständige panische Angst vor Inflation bei ihr bewirkt, wobei Inflation zwar gar nicht mehr die

42 Eine weitere brillante Formulierung. Die fragliche »Mäßigung« bezeichnet in Wahrheit das Einfrieren oder das Absenken von Löhnen und Gehältern, gibt aber zu verstehen, daß die Arbeitgeber verpflichtet sind, ihre stürmische Großzügigkeit zu zügeln, die sie dazu treibt, allerlei Verrücktheiten zu begehen und einen dauernden Goldregen über ihre beschämten Beschäftigten auszuschütten, die die Weisheit dieser »Mäßigung« nur unterstützen können.

Bedrohung darstellt, gegen die sie sich verteidigt, sie aber dennoch jegliche Neigung zur Erhöhung von Löhnen und Gehältern, jeden angeblich zu rasch steigenden Konsum fürchten läßt?

In Wirklichkeit stellt sich das Problem gar nicht mehr auf diese Weise. Für die Marktwirtschaft wesentliche Fragen haben nicht mehr dieselbe Bedeutung für die dominierende Spekulationswirtschaft, die jeden Tag deutlicher an ihre Stelle tritt, indem sie die Welt der Unternehmen in ein virtuelles Universum reißt, das ihnen eine größere Selbständigkeit nicht nur gegenüber den Beschäftigten, sondern auch gegenüber den Verbrauchern erlaubt.

Auf die Verbraucher zu verzichten wäre für das Unternehmen unmöglich, wenn es sich nicht wesentlich verändert hätte, wenn es heute nicht von den Investoren genauso, wenn nicht sogar stärker als von den Kunden abhängen würde. Wenn sein Wert sich nicht immer mehr von seiner Produktion abkoppeln würde, um immer mehr von seiner Produktivität abzuhängen. Dieser Wert hängt nicht mehr so sehr von seinen realen Aktiva, von seinem traditionellen Handel oder den Produkten ab, die es anbietet, wie von seiner Fähigkeit, für die Finanzmärkte interessant zu sein, das heißt von dem Platz, den es in den Wahnvorstellungen der Spekulanten einnimmt.

Für das Unternehmen geht es nicht mehr so sehr darum, zahlreiche reale Personen zu überzeugen, damit sie sich für bestimmte konkrete Gegenstände oder Dienste entscheiden und sie kaufen; es geht darum, die abstrakten, flüchtigen Wünsche der Börsenplätze und Investoren auf sich zu lenken, die allein an der Möglichkeit interessiert sind, es selbst in ein virtuelles Produkt zu verwandeln.

Damit sind wir weit vom Verbraucher entfernt. Einst war er Dreh- und Angelpunkt des Unternehmens und des Handels, er war Vektor des Profits und erlebte, wie seine »königlichen« Wünsche Gesetz waren. Heute ist eher er es, der sich den Anpassungen der Anbieter an ihr neues Schicksal anpassen muß. Anbieter, die inmitten der multinationalen Holdings schwer erkennbar geworden sind, die sich gegenseitig vertrusten – mit sehr viel weniger Risiken für jede einzelne, daß ihnen ein Verkauf entgeht. Wenn die Kunden dank ihrer großen Anzahl und Konkurrenz früher die Qualität und Vielfalt von Dienstleistungen und Produkten stimulieren konnten, die um ihre Wahl konkurrierten, so ist diese Wahl heute angesichts der Einheitlichkeit der unter einer nie dagewesenen Vielzahl verschiedener Marken angebotenen Produkte begrenzt. Produkte, die immer schwerer unterscheidbar sind und angesichts derer die Entscheidung vor allem durch die Werbung gesteuert wird, die im wesentlichen ein allgemeines Verlangen animiert. Der Kunde, der Nutzer wird in jedem Fall immer weniger Bedeutung haben, während die multinationalen Konzerne wissen, daß sie den Gewinn einstreichen, ganz unabhängig davon, ob sich der Verbraucher für die eine oder für die andere Marke entscheidet.

Wenn die Konkurrenz auch ihr Wesen verändert hat und die beherrschende Rolle des Verbrauchers schwächer wird, so stehen wir heute doch vor einem ähnlichen Phänomen, das erheblich beeindruckender ist: Auch die Wettbewerbsfähigkeit nimmt eine neue Wendung, während die Zahl der Wettbewerber in gigantischer Geschwindigkeit abnimmt. Das Hereinbrechen einer Welle von Aktienangeboten, Aktientauschangeboten, von Fusionen, der Ausbruch einer wahren Epidemie von Aufkäufen von Gruppen, allesamt riesengroß, zeigen eine neue Etappe in der Entwicklung der ultraliberalen Oligarchie.

Die Wettbewerber, die wir bereits so eng verbunden gesehen haben und die alle in dieselbe Richtung blicken, werden so vertraut miteinander, daß sie auch fusionswillig werden. Keiner gibt Ruhe, bevor er nicht den anderen verschlungen hat. Es geht nicht mehr darum, einen Rivalen anzugreifen, sondern ihn zu schlucken. Es ist unwichtig, wer den Sieg davon trägt, der Name des Siegers ist ohne Bedeutung, wenn er aber gewinnt, so hat er die weltweite Oligarchie gestärkt, die auf diese Weise über sich selbst ausgeübt wird und in eine Ära monströser Monopole treibt.

Ein Phänomen, dessen Bedrohlichkeit nicht nur in der bereits so schwerwiegenden Tatsache begründet liegt, daß es jedes Mal zu ebenso drastischen wie vorhersehbaren Kostenersparnissen, vor allem Arbeitskostenersparnissen führt und folglich zu Massenentlassungen. Im folgenden ein paar Beispiele von Ankündigungen, die im Dezember 1998 in den Vereinigten Staaten in der *New York Times* und der *Financial Times* erschienen sind und einige jener damaligen potentiellen Entlassungsvorhaben betreffen, die heutzutage fast alle ganz klassisch mit der Übernahme oder der Fusion von Unternehmen zusammenhängen:[43]

Die Deutsche Telekom plant, 20 000 Arbeitsplätze zu streichen, sowie mögliche Fusionen.

Die nächste Übernahme von Mobil durch Exxon: vorgesehene Streichung von 9000 Stellen. Weitere werden später folgen.

Vorhaben der Deutschen Bank, Bankers Trust zu kaufen: Streichung von 5500 Stellen.

Citigroup gibt die Streichung von 10 400 Stellen bekannt, das sind 6 % aller Beschäftigten; dies erfolgt zwei-

43 *Human Development Report* (UNDP), op. cit.

fellos nur, weil die Geste so schön ist, denn einstweilen scheint keinerlei Fusion und keine Übernahme vorgesehen zu sein.

Bescheidener sind Texaco, Conoco, Shell und Chevron, British Petroleum und Amoco, denen gerade erlaubt wurde zu fusionieren – sie sehen die Streichung von 6000 Beschäftigten vor.

Ob diese Vorhersagen sich nun verwirklicht haben oder nicht: Die Anzahl der realen Entlassungen war insgesamt unendlich viel höher als die angegebenen; sie werden als etwas völlig Natürliches angesehen, vor allem unter den gegebenen Umständen, und als etwas, das am allerbesten mit den vielsagenden Bezeichnungen »Umstrukturierung« und »Rationalisierung« charakterisiert wird.

Bei solchen Vorgängen verschmelzen immer riesigere Gruppen miteinander, die häufig bereits selbst aus vergleichbaren Operationen hervorgegangen sind. Man kann sich vorstellen, wie überholt und trivial da die Sorge um die Produktion erscheint und daß es nicht mehr so sehr die Kunden sind, um die sich die verschiedenen Gruppen streiten: Sie streiten sich um andere Gruppen.

Alle auf dem Altar der Wettbewerbsfähigkeit dargebrachten Opfer fließen in die Finanzierung dieser Übernahmen, dieser Fusionen, die zu weiteren Personaleinsparungen führen werden, welche neue Ankäufe, neue Fusionen finanzieren werden, die es ihrerseits ermöglichen werden, weitere Einsparungen vorzunehmen, die es wiederum ermöglichen, gigantische Unternehmen zu schaffen – und so fort bis ins Unendliche.

Diese monströsen Komplexe sind dann oft nicht mehr zu führen, während die Einheiten, aus denen sie bestehen, sehr gut funktionierten, als sie noch nicht Teil eines alle Normen sprengenden Konglomerats waren. Mit diesen Exzessen, die auf bereits exzessive Situationen folgen, riskiert man, das gesamte System ins Verderben zu stürzen. Sie sind das Ergebnis von Entscheidungen, die häufig aus einer Art Herdentrieb getroffen werden – gerade im engen Kreis der großen Entscheidungsträger kommen sie häufig vor und haben oft keine andere Existenzberechtigung als nackte Gier: nach einer Vormachtstellung, nach Größe und Macht, nach riskanten Spielen; sie können sogar aus einer persönlichen Rivalität mit einem Artgenossen entstehen. In diesem Milieu, das mehr als jedes andere nur sich selbst sieht und das gesamte restliche Universum für ein bloßes Anhängsel hält, treibt das Ego, die schlichte Eitelkeit, so manchen dazu, innerhalb dieser Machtelite mit aller Kraft die eigene Macht durchzusetzen und eine beherrschende Rolle spielen zu wollen. All das hat mit der Sorge um Effizienz nichts zu tun.

Und was die Sorge um die davon abhängigen Menschen angeht – Schluß mit dieser Sentimentalität, die den Sinn für die Realität beleidigt!

Indessen haben diese Operationen neben den überwältigenden Einsparungen, die sie ermöglichen, in den Augen der ultraliberalen Kreise eine Kardinaltugend: Sie erlauben die Ausweitung ihrer Autonomie. Dieses Rennen um Monopole scheint einer unbewußten Utopie zu entsprechen, der Utopie von einem einzigen Monopol ohne jede Konkurrenz, ohne irgendein Hindernis, das sich ihm in den Weg stellen würde.

Eine Utopie, gewiß, deren Phantasmen aber sehr konkrete Auswirkungen haben. Bereits jetzt scheinen die Verbraucher fern. Die Bühne leert sich. Es verschwinden nicht die Anwesenden, aber ihre Rollen – die, die bislang von Beschäftigten in beträchtlicher Zahl gespielt wurden, von Handelskonkurrenten, die von den Verbrauchern abhängig waren – und jene angesehenen Rollen, die nun von den ausgekochten Mitbewerbern übernommen werden, jenen großen Entscheidungsträgern, die schon immer der Politik des ultraliberalen Regimes am besten entsprochen haben, als dessen beste Verbündete sie sich erweisen, indem sie ihre bisherigen Bereiche verlassen und auf diese Weise die weltweite oligarchische Macht stärken.

Ob sie feindlich sind oder nicht – diese Fusions- und Übernahmebewegungen wälzen nicht nur das Leben von Hunderten von Millionen Menschen durch ungenierte Entscheidungen um, durch Streitigkeiten zwischen Gesellschaften, die, nur um andere zu schlucken, alle in Gefahr bringen; die neuen Gegebenheiten der Unternehmen, ihres Einflusses, ihrer Finanzmassen lassen selbst dieser sich immer stärker verdichtenden Macht immer weniger Spielraum.

Heute finden solche Umwälzungen jenseits aller demokratischen Prozesse statt. Diese Grundsatzfragen betreffen als erste die gesamte Bevölkerung, ohne daß man an ihre Zustimmung auch nur denken würde; ohne daß man auch nur im Traum daran dächte, sie zu fragen, geschweige denn sie zu informieren. Allein die Regierungen können diese Veränderungen in seltenen Einzelfällen noch verbieten, können aber gegen dieses Verfahren, daß solche Veränderungen immer wieder ohne allgemeine Zustimmung durchgeführt werden, nichts machen. Ohne daß irgendwo ein solcher Angriff auf die Freiheit, das heißt auf die Permissivität des Freihandels, vorgesehen wäre, die ja etwas Gutes hätte, aber nur in einer Welt, deren Bevölkerung wirklich frei wäre, ihre eigene Freiheit verteidigen zu können.

Dieses neue und brutale Phänomen, das nicht mehr nur mit Ausgrenzung droht, sondern sie radikal vollzieht, bezeichnet eine neue Etappe des Ultraliberalismus, ein neues Stadium des kulturellen Wandels, in dem er seine Herrschaft ausbaut und Allmacht anvisiert, ohne daß die Wähler dabei auch nur die geringste Rolle spielten bzw. das kleinste Wörtchen mitzureden hätten. Dabei handelt es sich um Ereignisse von entscheidender politischer Tragweite.

Dieser Wandel in der Verteilung der Güter an der Spitze entzieht sich auch der Einflußnahme durch die Staaten, deren Veto hier lächerlich ist und die bestenfalls gebeten werden, diese Tendenz zur Bildung zentraler Monopole oder sogar eines einzigen Monopols zu erleichtern – was an die absolute Herrschaft im Osten zu Zeiten der Union der Stalinistischen Republiken erinnert, dieses Mal jedoch ohne das Gegengewicht irgendeines fremden Systems.

Diese Verdichtung der Macht ermöglicht es, aus einem immer autogeneren ultraliberalen Club heraus zu herrschen, der sich allein durch seine Bestandteile erhält, ohne auf äußere Instrumente zurückgreifen zu müssen, selbstgenügsam seinen Spielen und Zielen hingegeben, die den Rest der Gesellschaft in einem weiten Niemandsland zurücklassen.

Dennoch kann die Größe dieses Clubs, seine Expansion, die Überfütterung des Planeten, die er auf immer kolonisatorischere Weise betreibt, alles, was seine Stärke auszumachen scheint, eine plötzliche Verwerfung bilden und zeigen, auf wie rutschigem Grund er sich im Gleichgewicht hält.

Ein rutschiger Grund, den vielleicht die großen Organisationen darstellen, welche diese Wirtschaftsmacht hervorbringt, auf denen sie ruht und sich ausruht und die mit ihren Absichten übereinstimmen: unter anderem der IWF, die OECD, die Weltbank, die WTO, die (wie der Europarat in Brüssel) keine demokratischen Grundlagen haben, da ihre Mitglieder nicht gewählt werden. Warum sollten sie es? Sie sind nicht dazu da, die Geschäfte der Welt zu steuern, wie es den Anschein hat, sondern die der Welt der Geschäfte, die sie in Dienst stellt, sie bestimmt oder sie bestimmen läßt.

Und auf diese Weise funktioniert alles perfekt. Diese Organisationen verstehen es vorzüglich, das Wort des herrschenden ultraliberalen Regimes zu verbreiten und anzuwenden. Sie haben Prinzipien und Regeln des Regimes einer Welt eingepflanzt, die seinen Wünschen immer mehr entspricht; sie haben die Gesetze ausgeschaltet, die Hindernisse darstellen; ihre Fehler haben nur auf die Staaten und deren Bevölkerung Auswirkungen. Sie erweisen sich als talentierte Kolonisatoren und schaffen es, den gesamten Globus zu kontrollieren und zu beherrschen – im großen und ganzen zu geringen Kosten.

Die verantwortlichen Politiker der Staaten sind gewählt – soviel zur Demokratie. Eine Ideologie, die die Staaten und ihre Repräsentanten beherrscht, die selbst bestimmt, wer die Repräsentanten sind, die diese Ideologie definieren, vor allem aber sie anwenden sollen – soviel zu dem, was heute keineswegs mehr Demokratie ist und sich in Richtung einer Diktatur entwickelt.

Die großen internationalen Organisationen können uneingeschränkt agieren, sind unabhängig von der öffentlichen Meinung und von dem Zwang befreit, den Regierungen Rechenschaft abzulegen, was letztere umgekehrt ihnen gegenüber müssen. Sie sind allmächtig, aber sie stehen im Dienst und sind abhängig von einer Hegemonialmacht, deren beste Instrumente sie darstellen.

Offiziell sind sie beauftragt, über das Gleichgewicht bei der Verteilung des Wohlstands zu wachen – in Wirklichkeit sind sie angewiesen, darüber zu wachen, daß diese Verteilung bleibt, wie sie ist, das heißt vollkommen ungleichgewichtig, so daß besagter Wohlstand praktisch nicht aufgeteilt wird, sondern sich immer mehr in den Händen einer immer souveräneren und kompakteren Kaste konzentriert. Eine Kaste, die Nationen wie Marionetten handhabt, die Unterschiede zwischen deren Einkünften und denen der reichen Länder (und, noch skandalöser, zwischen deren Einkünften und gewissen privaten Vermögen) bewahrt. Eine Kaste, die unter dem Deckmantel der Humanität die Armut bestimmter Länder ausnutzt und diese Länder in die Abhängigkeit treibt – wie Menschen, die in Schwierigkeiten geraten sind, und mit der entsprechenden Gleichgültigkeit ihren Verhältnissen gegenüber.

Als Besitzer der Mittel, die sie retten könnten, ist es zum Beispiel für den IWF ein leichtes, von strukturell armen oder krisengeschüttelten Ländern zu fordern und zu erreichen, daß sie in seine Kreditbedingungen einwilligen, woraufhin der IWF sein Aufsichtsrecht über die politische Philosophie dieser Länder ausüben wird und somit auch über ihre Innen- und Außenpolitik, die er ihnen am Ende diktiert.

Privatisierungen, Deregulierungen, Streichung von Subventionen im Sozialwesen: Alles kommt an die Reihe. Strikte Ausrichtung aller auf ein Einheitsmodell. Für alle Völker ein einziger Katechismus. Für alle dieselben Methoden, derselbe Zaubertrank, der alle Parameter der Gesellschaft allein auf die Wirtschaftlichkeit reduziert – aber auf jene, die den Gläubigern Profit bringt. Sparpolitik. Vergessen ist jegliche Ambition, jegliche Besonderheit, jegliche Produktion, die nicht in die gewollte, einheitliche Richtung geht, welche selten im Interesse des betreffenden Landes liegt. Opfer. Erbarmungslose Einsparungen, immer dieselben: bei den Arbeitskosten, den unerläßlichen Strukturen, der Kultur, dem Gesundheitswesen, den sozialen Errungenschaften und anderen Belanglosigkeiten. Natürlich auch Verzicht auf die Unabhängigkeit der Innenpolitik. Das ist das Recht des IWF auf jegliche Form von Einmischung in den Ländern, die bestenfalls zu Protektoraten geworden sind.

Allmächtige Netzwerke, die blind sind für alles, was nicht der ultraliberalen Ideologie entstammt, was nicht darin besteht, das, worum sie sich kümmern (das heißt ungefähr alles), in die eigenen Dienste zu stellen. Nicht ohne Vertrauensbeteuerungen bei den humanitären Aktionen, nicht ohne Anspielungen auf die eigene Rolle der guten Hirten.

Man muß den Dokumentarfilm gesehen haben,[44] in dem Michel Camdessus, lange Zeit Generaldirektor des IWF, sich in seinen Werken entfaltet, perfekt in dieser Rolle, wenn auch seine ständige Heiterkeit, seine gezwungene, nervöse Jovialität, die oft ins Leere geht, nicht gerade Zweifel, aber doch zumindest Unwohlsein verraten, einen Mangel an wirklicher Selbstsicherheit oder Überzeugung, an Einverständnis mit dem eigenen Part, vielleicht an Gewißheit, was dessen Rechtmäßigkeit angeht.

Michel Camdessus besucht seine Armen. Traute globale Tafelrunde. Man prostet sich zu. Eine Atmosphäre falscher Fröhlichkeit, die Atmosphäre eines tristen Banketts – schöne Worte, Besorgnis; man spürt, daß das Essen manchen im Halse stecken bleibt. Mit Michel Camdessus reden die Bittsteller zunächst wie mit einer (quietschfidelen) Wand, dann flirten sie mit ihm wie mit einer Katze, die in die Todesängste der Maus verliebt ist;

44 *Arte*, 14. September 1999.

schließlich verhandeln sie mit einem Mann, dem das, was nicht perfekt den Dogmen des privaten Profits entspricht, in dessen Diensten er steht, vollkommen gleichgültig ist.

Zugeschnürte Kehlen bei den hochrangigen Vertretern. Daß hier die Situation ihres Landes auf dem Spiel steht, ihre politische Karriere oder die Höhe der Summe, die sie der internationalen Solidargemeinschaft oder ihren Landsleuten stibitzen könnten, sobald sie seinen Forderungen nachgeben, bedeutet dem Generaldirektor nicht viel. Es ist ihm gleich, ob die Subventionen nach Rußland gehen, in die Taschen seiner Gesprächspartner wandern oder in die der Mafia-Organisationen, wenn er nur im Austausch das Versprechen einer noch stärkeren Unterwerfung des russischen Volks unter das Diktat des IWF erhält. Camdessus ist ein Missionar: Worum er bittet, ist die Konversion der Länder, wenn nicht zu der Ideologie, die er propagiert, so zumindest zu den Praktiken, die sie empfiehlt. Und das erreicht er. Wenn die in Rußland angekündigten gravierenden Einschränkungen auch ohne die Subventionen, die sie begleiten sollten, durchgeführt werden müssen, so liegt hierin das Wesentliche: Der Begriff der Wirtschaftlichkeit, der *Realpolitik*[45] wird übernommen, wird gerettet, trägt den Sieg davon – auf jeden Fall in den Köpfen. Was noch wichtiger ist, selbst in dem großen Durcheinander, das zwangsläufig darauf folgen wird: Die neue russische Nomenklatura wird darüber wachen (im Prinzip jedenfalls, eine Enttäuschung ist nicht immer ganz auszuschließen), daß sie zumindest zum Schein respektiert wird, besorgt, wie sie ist, erneut Geld einzustreichen. Wichtig ist, Terrain zu gewinnen, zu kolonisieren, und sei es um den Preis neuer Schäden, die zu

45 Deutsch im Original. [A. d. Ü.]

all denen hinzukommen, die bereits überall auf der Welt angerichtet wurden.

Aber Monsieur Camdessus lacht weiter und ist weiter sehr geschäftig.

Dieselbe gute Laune in Honduras, in Nicaragua vor den Ruinen und Verwüstungen, kürzlich von einem außergewöhnlich heftigen Wirbelsturm angerichtet, der zahlreiche Opfer gefordert und die Wirtschaft lahmgelegt hat. Mit dem Präsidenten nimmt Michel Camdessus gierig – das ist sein kleines Pokerspiel – eines dieser alten Gespräche wieder auf, deren vertraute Windungen er mit wachem Auge verfolgt. Der Präsident fleht, Monsieur Camdessus entzieht sich kokett. Er trifft seine Entscheidungen allein und ohne viele Umstände und durchquert diese Länder als Marquis de Carabas.[46] Der Präsident schwört, nie wieder um etwas zu betteln. »Bis zum nächsten Wirbelsturm«, scherzt Monsieur Camdessus fröhlich, die Katastrophe vor Augen, die der letzte Sturm ausgelöst hat.

Rückkehr von der Tournee. Der Geschäftsführer des IWF kommt zu seinen Mitarbeitern zurück. Er bringt ihnen ein Geschenk mit, ein Reisesouvenir, und genießt seinen Erfolg im voraus: Sie werden sich amüsieren, verkündet er, und ihren Augen nicht trauen. Sie sind nicht enttäuscht. Michel Camdessus schlägt eine Zeitung auf und schwenkt sie, diesmal rundum vergnügt. Die anderen stehen ihm nicht nach, es fehlt nur noch, daß sie sich auf die Schenkel klopfen. Allgemeines Gelächter. Auf der ersten Seite die große Schlagzeile: »Michel Camdessus, der Botschafter des Humanismus«. Sie lachen wohl heute noch.

46 Gestalt aus dem »Gestiefelten Kater« von Charles Perrault, im Besitz phänomenaler Reichtümer. [A. d. Ü.]

Aber die Anstrengungen von Monsieur Camdessus und seinesgleichen sind nicht kostenlos zu haben. Die Kosten der internationalen Institutionen, die so spontan und »frei« geschaffen wurden, um die Welt zu lenken, müßten all jene, die vom Einsparen besessen sind, zutiefst erschrekken. Wie kommt es, daß der Steuerzahler, empört über die »Räuber« in ihren öffentlichen Ämtern, sich darüber gar keine Sorgen macht?

Es sind gefügige Menschen, die eine triumphierende Ideologie an die Macht gebracht hat und dazu benutzt, eine ganz präzise, nie in Frage gestellte Politik zu betreiben, um die Nationen genauso fügsam zu machen, wie sie selbst sind. Menschen, die weiter den Steuerpflichtigen auf der Tasche liegen, welche nicht gefragt wurden, denen sie keine Rechenschaft schulden, die ihnen aber Rechenschaft schulden – die Politik jedes Landes, sei es Schuldner, sei es Gläubiger, wird von ihren Entscheidungen abhängen, denen sie sich nur unterwerfen können. Länder, die in gewisser Weise ebenfalls unter Protektorat stehen.

Es sind Menschen ohne Mandat, die nur sich selbst vertreten, die keine Verantwortung für irgend jemanden tragen, denen man die Führung der Welt und derer, die sie bewohnen (und die nicht gefragt werden), überträgt – nach den strengen Regeln eines Regimes, das sich nie angekündigt hat, auf diese Weise aber um so besser verankert wird, zum Nachteil der Völker. Organisationen, die ein Ganzes bilden, das über alle wichtigen Gewalten verfügt, und die die Aufgabe haben, die weltweite Wirtschaft zu führen, sie aber nur ruinieren können – nach ihren monomanischen Verhaltensregeln, die ihnen niemand, kein Individuum und keine Gruppe von physischen Personen, gegeben hat, sondern nur der Zeitgeist und jene logische Verkettung, die mit der Allmacht des privaten Profits zusammenhängt.

Diese Menschen gehen mit beachtlichen Geldern um, die stets von denselben Steuerpflichtigen einbehalten werden, und sie entscheiden über verschiedene maßgebliche Initiativen, die alle in dieselbe einheitliche Richtung gehen – während zugleich die gesetzmäßigen, demokratischen Regierungen auf die Rolle reduziert werden, diese Initiativen zu unterstützen und sie als vollendete Tatsachen zu präsentieren.

Solche Initiativen werden von den besagten Organisationen bei regelmäßigen, abgeschirmten Sitzungen ergriffen. Auf der Tagesordnung steht allein die Lenkung der Staaten nach den Regeln des ständig erweiterten Glücksspiels, dem sich die Mächte der Privatwirtschaft mit Gewinn hingeben. Letztere müssen sich dabei nicht einmal allzusehr um den Gang der Welt kümmern, die schließlich ein für allemal – so scheint es ihnen – nach den Prinzipien der Privatwirtschaft funktioniert, Prinzipien, die auf diese Weise auf die Innen- und Außenpolitik aller allein zu ihrem Nutzen regierten Nationen einwirken.

Die Regierungen sind also einfache, mehr oder weniger konforme, dabei aber in vorderster Linie agierende Vermittler. Sie müssen sich an Maßnahmen von extremer Härte anpassen, die sie nicht wirklich eingeleitet haben, müssen verheerende Fehler ausgleichen: eine maximale Ineffizienz, was die verkündeten Ziele angeht – die aber maximal effizient ist, was tieferliegende ideologische Absichten und deren heimliche Politik betrifft.

Daher zweifellos die Entscheidung der Linken, für »modern« zu erklären, was für sie offensichtlich nicht zu vertreten ist, was sie aber dennoch integrieren zu müssen glaubt.

Daher die traurigen Bankette, auf denen Monsieur Camdessus sein nervöses Lachen ausführt und jene unbesiegbare Macht repräsentiert, die zwingend für alle sein soll, ob sie nun wollen oder nicht – Monsieur Camdessus inbegriffen.

Diese Welt darf es jedoch nicht länger hinnehmen, auf diese Weise von überpolitisierten und unverantwortlichen Instanzen geführt zu werden, die sämtlich einer Einheitsideologie folgen. Diese Instanzen grundlegend in demokratische Formen umzuwandeln oder aber sie, falls dies nicht möglich ist, zu entmachten, ist durchaus denkbar und kann gefordert werden. Sie sind die Pfeiler einer Macht, aber diese Macht – das ist ihre Schwäche – scheint die Existenz einer breiten öffentlichen Meinung, die gerade entdeckt, wie verbreitet sie ist, nicht zu bemerken oder gering zu achten. Trotz dieser seltsamen Diktatur, die sich nicht exponiert, deren Zwangsherrschaft jedoch immer massiver wird, weiß diese weltweite Öffentlichkeit, daß sie in mehr oder minder demokratischen Strukturen lebt, in denen die Masse sich Gehör verschaffen kann, wenn sie den Willen dazu hat.

Die öffentliche Meinung weiß, daß sie in der Lage ist, sich diesem System entgegenzustellen. Nicht mit der vagen und eher einschüchternden Idee, »die Globalisierung« anzugreifen, ein Begriff, der selbst vage und ohne präzise Bedeutung ist, da er zu viele uneinheitliche Bedeutungen assoziiert, die für jeden je nach Stunde und anstehendem Thema[47] variieren. Nicht mit der Idee, ein gespenstisches

47 Ein Beispiel: Man hat sich bisweilen über die Demonstranten lustig gemacht, die in Seattle am Protest gegen den Gipfel der WTO teilgenommen haben und die, so hieß es, gegen die Globalisierung kämpfen, wobei sie sich des Internets

Universum zu bekämpfen, das von Gottheiten oder anderen mit dem bösen Blick und Zauberkräften ausgestatteten Wesen bewohnt ist; sondern mit der Idee, einem bestimmten, ultraliberalen politischen Regime mit den Mitteln dieser Welt Widerstand zu leisten.

Es ist an der Zeit – und es ist zugleich Wunsch wie Bestimmung der öffentlichen Meinung –, daß diese Meinung, die so überlegt und kenntnisreich ist, was die sie interessierenden Fragen angeht, Vertrauen in ihre Macht und Fähigkeiten gewinnt und aus der Zurückhaltung heraustritt, die das (irrtümliche) Gefühl, isoliert zu sein, ihr einflößt.

Eine ausbleibende Reaktion wird leicht als Zustimmung, Gleichgültigkeit oder Angst angesehen. Wie sollte das herrschende System sich nicht für legitim halten, wie sollte diese erdumspannende Politik sich durch dieses Schweigen nicht legitimiert glauben? Wie sollte sich ihr »Konsens« nicht geradezu aufdrängen, wo es doch noch so selten ist, daß Fragen von einem anderen Standpunkt und jenseits ihrer Postulate und Prioritäten oder der von ihr eingeführten pseudowirtschaftlichen Methode angegangen, analysiert oder diskutiert werden?

Um Widerstand zu leisten – manche wollen es durchaus –, müssen die politische Klasse und ihre Verantwortlichen, permanent Zielscheibe des allmächtigen ultraliberalen Drucks und seiner verschlungenen Netzwerke wie

bedienen. Nun kämpfen diese Demonstranten nicht gegen »die Globalisierung« (auch wenn sie es glauben). Noch weniger gegen die Technologien, sondern *gegen den Ultraliberalismus*, von dem die Technologien *nicht* abhängen. Man sieht hier sehr gut den Nutzen, den der Ultraliberalismus aus dieser zunehmenden Bedeutungsverwirrung schlägt.

seiner Politik der vollendeten Tatsachen, von der Bevölkerung unterstützt und angeregt werden, und sei es nur, um ihresgleichen zu zeigen, daß auch sie nicht allein stehen. Wenn die dem ultraliberalen System entgegenstehende Meinung sich damit abfindet, von ihren Abgeordneten nicht repräsentiert zu werden, deren Aufgabe es doch wäre, so wird sie weiterhin als einzige Alternative nur die Möglichkeit einer Entscheidung – einer höchst ungenauen und desillusionierten – für frühere, bereits aufgegebene Positionen mancher Kandidaten haben, oder eine Enthaltung. Und wir werden weiterhin von Mandatsträgern ignoriert werden, denen vielleicht nur unsere Unterstützung gefehlt hat, damit sie einen anderen Weg einschlagen und versuchen, eine andere Politik in die Wege zu leiten, und damit sie unser Schweigen nicht als stillschweigende Zustimmung zum *Status quo* deuten.

Es wäre für alle gewählten Politiker an der Zeit, Stellung zu beziehen zu dieser Diktatur, die gar nicht zu leugnen ist, da sie den Regierungen von demokratischen Systemen nur erlaubt, ein und dieselbe Linie zu verfolgen – aus welchem Lager und welchem Land sie auch kommen mögen. Das ist das Zeichen dafür, daß sie *alle* derselben Logik unterworfen sind, einer Logik, die zunächst auf die Interessen des Profits Rücksicht nimmt, indem sie die Vermögen nicht verteilt und alle Ausgaben reduziert, die dem Profit nicht förderlich sind – und dies keineswegs wegen der »Globalisierung«, sondern aufgrund einer Ideologie, der sie nicht durch einen Diktator, auch nicht durch Doktrinen unterworfen sind, sondern durch Gehorsam gegenüber der Allmacht der Privatwirtschaft.

In Politik und Wirtschaft kann heute erst gehandelt werden, wenn diese Interessen des Profits garantiert sind, wenn die Strukturen, die diese Interessen ermöglichen und schützen, geschützt und geheiligt bleiben. Erst auf dieser Basis beginnt man zu verwalten, was nur noch in der aufgezwungenen Weise verwaltet werden kann.

Die öffentliche Meinung spielt dabei jedoch dank des demokratischen Rahmens, innerhalb dessen sich dieses Regime ausbreitet, eine gewaltige Rolle. Parlamentarier und Regierende müßten dazu gebracht werden zu begreifen, daß sie sich dieser Macht nicht beugen dürfen (häufig unter dem Vorwand, daß andere genauso handeln), ohne daß ihre Wähler reagieren; aber sie sollten auch wissen, daß sie im gegenteiligen Fall mit der massiven Unterstützung der öffentlichen Meinung rechnen können, die bis jetzt mißachtet wird und die ihrerseits die Politiker in gewisser Weise aufgegeben hat.[48]

Ein Beispiel: Man hat gesehen, welche unmittelbaren Stimmenverluste das Schröder-Blair-Papier diesem Duo eingebracht hat, als die beiden Führer »sozialistischer« Regierungen ihre wahren Präferenzen dargelegt haben, überzeugt davon, die Massen für ihren »dritten Weg« zu begeistern, den Weg eines harten Liberalismus, der von der Linken gelobt und gepriesen wurde. Niemand hat sich nach diesem Papier, das unvergleichlichen Eifer im Dienst der Privatwirtschaft, ihrer Prioritäten, ihrer Abneigung gegen soziale Maßnahmen verriet, noch Illusionen machen

48 Man muß sich nur den unmittelbaren Erfolg vergegenwärtigen, den die Organisation ATTAC (Association pour une taxation des transactions financières pour l'aide aux citoyens, eine »Vereinigung für die Besteuerung von Finanztransaktionen zur Bürgerhilfe«) erreicht hat, die unter anderem die Tobin-Steuer verteidigt: den Abzug eines winzigen Prozentsatzes (0,25%) mit dem Ziel, »die Spekulation mit Strafe zu belegen [...]; eine Abzugssteuer auf Transaktionen mit finanziellen Interessen«. In: François Chesnais, *Tobin or not Tobin*, L'esprit frappeur, 1998.

können. Diesen Eifer hätte man schon vorher bemerken können, doch jetzt konnte das politische Etikett ihn endgültig nicht mehr verbergen, konnte man die Augen nicht mehr vor den Fakten verschließen, um doch noch für das Symbol zu stimmen.

Der Kanzler und der Premierminister haben ihre Wünsche mit der Realität verwechselt. In der Gewißheit, um ihrer selbst willen geliebt zu werden und nicht wegen der Inhalte, auf die sie sich immer berufen hatten – und die sie jetzt so offen verrieten –, haben sie sich zweifellos von ihrer eigenen Propaganda treiben lassen und waren unfähig, die öffentliche Meinung wahrzunehmen. Dabei hatte die sie doch – weit davon entfernt, sich nach ihnen zu richten oder für die Rückständigkeit ihrer »Modernität« empfänglich zu sein – an die Macht gebracht, in der Überzeugung, daß sie sich für die Ideologie, der das gemeinsame Papier jetzt Gehorsam schwor, zuletzt einsetzen würden. Eine Ideologie, von der sie gedacht hatten, daß die allgemeine Meinung ihr schon folgen würde. Doch zumindest diesmal war es in Deutschland wie auch in Großbritannien anders.

Ein Vermittlungsdefizit – so klagen in solchen Fällen die Kreuzritter des Profits, die immer verdutzt sind, daß nicht die ganze Welt vor Befriedigung über ihre Fähigkeiten jubelt. Hier aber bestand die Reaktion auf die »Vermittlung« darin, daß auf die Grenzen dessen hingewiesen wurde, was man noch hinzunehmen bereit ist. Hatten die beiden Regierungschefs sich deutlich geäußert, so tat es jetzt auch die öffentliche Meinung. Ein paar Monate später richteten sich Reden und Taten des Kanzlers nicht mehr auf den »dritten Weg«, sondern gingen ein wenig selbstgefällig eher in die andere Richtung und ermöglichten ihm, wieder aus dem Tief herauszukommen.

Die Rolle der öffentlichen Meinung ist entscheidend, sie ist eine lebendige Instanz innerhalb eines ruinösen Regimes. Weltweit regt sich bereits Widerstand gegen den ökonomischen Terror. In zwei Fällen, die nicht lange zurückliegen, hat es ausgereicht, daß dieser Widerstand sich äußerte, um auch sofort den Sieg davonzutragen. Das Investitionsabkommen MAI[49], das fast dreißig Regierungen mächtiger Länder in der OECD vier Jahre lang vorbereitet hatten, wurde nicht unterschrieben, nachdem die Öffentlichkeit informiert worden war und dagegen protestiert hatte – nur wenige Monate vor dem vorgesehenen Termin für die Unterzeichnung des Abkommens, die im Mai 1998 reibungslos über die Bühne gehen sollte. Während die Niederschrift dieses Buches zu Ende geht, hat sich gerade der zweite beispielhafte Vorfall ereignet: Die »Tage von Seattle« in den Vereinigten Staaten im Dezember 1999, als es dank einer internationalen Mobilisierung ohne größere Schwierigkeiten gelungen ist, das Gipfeltreffen der WTO zu verhindern. So hat der Widerstand in zwei Fällen und in zwei wesentlichen Punkten gegenüber zwei der größten internationalen Wirtschaftsorganisationen, der WTO und der OECD, den Sieg davongetragen, und dies ohne Gewalt und vor allem ohne Schwierigkeiten.

Wer hätte das noch vor kurzem gedacht?

Das MAI? Hier stand Wesentliches auf dem Spiel: Es sollte das einführen, was dieser seltsamen Diktatur noch fehlt, um von Rechts wegen zu herrschen, und sah beispielsweise vor, daß es jedem Investor in einem fremden Land möglich würde, den betreffenden Staat vor Gericht zu ziehen und beträchtliche Entschädigungen von ihm zu verlangen, falls er sich auch nur im geringsten durch

49 Multilateral Agreement on Investment

irgendeine inzwischen durch diesen Staat ergriffene Maßnahme (soziale Maßnahmen, öffentliche Ausgaben und anderes) hinsichtlich seiner erwarteten Profite benachteiligt fühlte. Die Staaten würden gesetzlich und offiziell zu Geiseln der Privatwirtschaft und der Spekulation. Dies ist nur ein Beispiel für die Gefahr, die das MAI darstellte.

Die Offenlegung des Abkommens und seines Inhalts, die ruhige, öffentliche Darstellung dessen, was über Jahre hinweg im verborgenen vorbereitet worden war, hat ausgereicht, es – jedenfalls vorläufig – zu begraben und zugleich die informierte Öffentlichkeit für einen möglichen neuen Versuch und für eventuelle neue Tricks der internationalen Instanzen zu sensibilisieren. Dieser ungleiche Kampf hätte durchaus verloren werden können.

Hier hat zum einen der Überraschungseffekt gewirkt, maßgeblich war aber vor allem ein Fehler, dem sich die Privatwirtschaft gerne hingibt: ihr Hochmut. Ihre Gewißheit, daß ihre Macht nicht scheitern kann und daß Einschüchterungen ausreichen werden, verstellt ihr die Sicht. Sie ist narzißtisch und kaum fähig, in einem anderen Rahmen als dem ihrer eigenen Obsessionen, die sie mit der Realität verwechselt, zu denken und zu handeln. Im Grunde mangelt es ihr an Intelligenz, besteht sie aus einer Form der Unintelligenz, einer methodischen Ablehnung der Realität[50]. Daher – noch einmal – der unvergleichliche Vorteil, der aus der klaren Wahrnehmung der Ereignisse und ihres Zusammenhangs bzw. aus der Entlarvung der mit ihnen verbundenen Propaganda erwachsen muß.

50 Wobei festzuhalten ist, daß eine große Zahl jener, die eng an dieses Regime gebunden oder sogar dafür verantwortlich sind, es aber für unveränderlich halten, weil sie darin engagiert sind, *als Individuen* sehr viel intelligenter sind und handeln.

Da die Richtlinien, die bei der OECD ausgedacht wurden, nicht weiter verfolgt wurden, schien es offensichtlich, daß eine andere Institution versuchen würde, sie durchzusetzen; die WTO schien ganz dazu geeignet. Aber die neu erwachte allgemeine Aufmerksamkeit hatte nun zur Folge, daß die abseits der Öffentlichkeit betriebenen Machenschaften aufgedeckt wurden. In Seattle ist das Scheitern der Vertreter der WTO durch die aus der Ablehnung der MAI-Abkommen hervorgegangenen Aufklärung bewirkt worden. Die Offenlegung des Abkommens, eine Konsequenz dieses ersten Vorgangs sowie die Forderung nach klarer, sachlicher Darstellung waren, wie es immer der Fall ist, unvergleichlich wirkungsvoll. So hat man ganz öffentlich entdecken können, daß die WTO keinerlei Existenzberechtigung hatte; außer um in der Geborgenheit des ultraliberalen Clubs über die besten Möglichkeiten für die Spekulativwirtschaft zu diskutieren und noch mehr Profit mit noch weniger Hindernissen zu machen. Abgesehen von solchen Planspielen unter Verbündeten hatte man sich und anderen nichts zu sagen.

Die Delegierten, von denen man angenommen hatte, daß sie mit der Welt anderes vorhatten, als sie wegen Partikularinteressen auszubeuten, wurden nun beobachtet, überwacht und ihr Handeln in Frage gestellt. Sie wurden gezwungen, zumindest den Schein zu wahren und sich für das zu interessieren, womit sie offiziell beauftragt waren, nämlich ihre Akten gründlich zu studieren. Sie wurden dazu gebracht, mit einem gewissen Realismus über die Fragen nachzudenken, die jene Phantombevölkerung interessiert, die die Menschheit für sie immer darstellte – Phantome, die plötzlich sehr konkret und körperlich in Gestalt von hochmotivierten Demonstranten auftauchten, die sehr genau wußten, was auf dem Spiel steht.

Die Teilnehmer des Gipfels, die in der Öffentlichkeit unter dem Blick der Medien handeln mußten, schienen nicht mehr so recht zu wissen, was sie dort taten, worum es gehen mochte, über was sie sich verständigen oder sich entzweien sollten. Kaum waren sie einmal aus dem Alltagstrott heraus, blieb nichts mehr übrig als Schweigen, leere Blicke. Ein Konsens? Aber worüber? Sie hatten Sehnsucht nach dem so ruhigen, dem Plebs verschlossenen Nest, das sich auf seine primären Gesetze beschränkt; nach jenen geschützten Orten, von wo aus man Anweisungen in Form schlichter Befehle brummen konnte, die immer gewissenhaft befolgt wurden. Destruktive Befehle, die auf Menschen abzielten, gewiß in großer Zahl, aber dem Club fremd, Menschen, um die man sich nicht kümmern zu müssen glaubte. Es war undenkbar gewesen, daß diese Menschen eines Tages auf die Idee kommen würden, in die Intimität des Clubs vorzudringen.

Mit der öffentlichen Meinung konfrontiert, vor allem aber von ihr beobachtet, sahen die Vertreter der WTO, wie vor ihren Augen die Leere ihrer Politik enthüllt wurde. Nicht externe oder interne Gegensätze haben den Gipfel von Seattle scheitern lassen, sondern ein einfacher Blick auf diese Leere.

Eine so beeindruckende, angeblich stabile Struktur, die sich aber nicht auf solide Grundlagen stützt, kann nur schrittweise aus dem Gleichgewicht gebracht werden, wenn auf einzelne, ganz bestimmte Ereignisse gezielt wird. Sie stützt sich vor allem auf virtuelle Werte, die schwierig anzugreifen sind, wenn man sie auf ihrem eigenen Feld bekämpft, die aber in sich zusammenbrechen oder zumindest stark verlieren, wenn sie in der Realität, in der faßbaren Welt der Zeitgenossen mit lebendigen Personen konfrontiert werden.

Ist man jemals Zeitgenosse seiner Zeit? Die Geschichte nimmt durch das Chaos der Toten und der Lebenden hindurch Gestalt an. Es ist ein Chaos voll lebhafter, prägnanter Bedeutungen. Die verschiedenen Generationen bestehen nicht aus Blöcken, die aufeinanderfolgen; die Leben jener, die sie bilden, verlaufen nicht über ihre gesamte Länge synchron, Menschen werden geboren, sterben, werden geboren und sterben wiederum – ungeordnet und unzusammenhängend seit Anbeginn der Zeit. Das Gesetz entwickelt sich, vermittelt sich durch dieses Magma. Wir begrüßen dieses schwierige, unwahrscheinliche und leidenschaftliche und trotz seiner Schmerzen reizvolle Abenteuer – und begrüßen auch diejenigen, die sich auf den Weg machen, die Beharrlichkeit, mit der sie sich um Dauer bemühen, trotz der Flüchtigkeit des Schicksals, das jedem zugeteilt ist. Und wir bewundern die Fähigkeit, mit der jeder seine jeweilige Geschichte, seine eigene Biographie trotz dieser Flüchtigkeit lebt, ohne sich von der Dringlichkeit überwältigen und lähmen, mit einem Wort verrückt machen zu lassen.

Wo ist unser Platz in der Geschichte? Ist es möglich, daß sie, je weiter sie fortschreitet und je weiter sich damit unsere Möglichkeiten entwickeln, sich verengt, um sich auf die banalen Spiele eines räuberischen Systems zu reduzieren, auf dessen alltäglich gewordene Übergriffe, die so laut angepriesen werden, daß sie längst Teil unseres Lebens sind und in Ruhe zunehmen können? So daß schließlich nur noch diese hysterische Habgier bleibt, die kein reales Ziel kennt, aber in der Lage ist, alles zu verwüsten?

Aber wo wären dann die vielen anderen? Was würde aus jenem Teil der Menschheit, der das Prinzip der Unentgeltlichkeit kennt und achtet, weil er sich selbst zu erfinden und bildende, musikalische, malerische, literarische und andere Wunder hervorzubringen vermag? Und was ist mit dem Teil, der diese Wunder genießen kann? Der fähig ist, in einem Leben mehrere Leben zu leben?

Wir waren und sind Zeugen, Zeitgenossen – zugleich Akteure und ein viel zu passives Publikum – eines kulturellen Wandels, der deutlich in die Irre geht, und wir erwachen in einer scheinbar im Aufbau befindlichen erstarrten Welt, die sich für ewig hält. Es ist Zeit zu sagen, daß wir uns nicht davon täuschen lassen. Das wird übrigens auch immer unmöglicher. Die ultraliberalen Methoden zeigen sich mit einer Arroganz, die sie schließlich sogar vorhersehbar macht, und offenbaren, wie sehr sie an eine einzige Strategie gebunden sind. Diese Sichtbarkeit und mehr noch die Redundanz dieser Methoden haben aber einen paradoxen Propagandaeffekt und führen dazu, daß man sich an sie gewöhnt als an ein quasi institutionalisiertes Unglück, eine öde Routine, der sich zu widersetzen immer vergeblicher und in die sich zu fügen vernünftig scheint.

Wir ignorieren also die grenzenlose Gefahr, die solche Resignation mit sich bringt. Der Abhang ist rutschig. Es ist nicht schwer, vom *workfare*, das widerspruchslos durchgesetzt wird, in die Sklaverei abzugleiten und alle Störer an dafür vorgesehenen Orten auszugrenzen. Die Philosophie, welche zugleich Nutzlose und Nützliche unterscheidet und Toleranz gegenüber dem nicht Tolerierbaren fordert, kann am Ende dazu führen, daß man sich all jener entledigt, die angeblich nicht mehr wirklich zur Gattung gehören oder ihr schädlich sind. Völkermorde sowie die Resignation, die zu ihnen gehört, beginnen mit solchen Schlußfolgerungen.

Die Gesellschaft besteht indessen fort – vergewaltigt, verletzt, manchmal verstümmelt, aber vital. Es irritiert sie, sich von der Erwerbstätigkeit verabschieden zu müssen, von jener Form der Arbeit, die zwar »entfremdet« war, aber deren Verschwinden sie im Kern trifft und ihre Gegner stärkt – sich von einer Kultur verabschieden zu müssen, die einfach abtritt, während schon ein Regime an ihre Stelle tritt, das noch ihre letzten Spuren verwischt, sogar ihr Verschwinden verschleiert und den größten Teil der Gesellschaft anweist, nach den Regeln der vergangenen Zeit der Beschäftigung zu leben, deren Strukturen und Gesetze es zugleich zerstört.

Was bedeutet für die jungen Männer und Frauen einer solchen Gesellschaft ihr »Schicksal«? Sie alle wissen, daß es für viele unter ihnen kaum eine Zukunft geben wird, vor allem nicht für jene, die in Ghetto-Viertel abgeschoben werden und erleben müssen, daß sie als wertlos angesehen werden, als der Gesellschaft nicht entsprechend, nur gut genug, die Kraft und Dynamik ihrer Jugend und der kommenden Jahre ins Leere laufen zu lassen. Trotz der daraus resultierenden Gewalt neigen sie häufig zur Verklärung der vergangenen Alltäglichkeiten, die sie nie gekannt haben und die ihnen geradezu märchenhaft vorkommen: das Erwerbsleben, jene einzig statthafte Lebensform, aus der sie zusammen mit ungezählten jungen Leuten aller Schichten geworfen werden, auch wenn dieses Schicksal vorzugsweise die Ärmeren ereilt, sie ganz und quasi automatisch erfaßt, wie eine zusätzliche Bestrafung neben den anderen Strafen, aus denen ihr Leben schon jetzt besteht.

Seltsamerweise haben diejenigen, die am anderen Ende vom Verschwinden und der zunehmenden Verschlechterung der Beschäftigung profitieren, ebenfalls Schwierigkeiten, diese Zeit aufzugeben, ihren Rhythmus und alles, was damals den Hintergrund jedes Lebens ausmachte – und sei es auch ein untätiges. Wie viele unter den Entscheidungsträgern und Verantwortlichen empfinden so etwas wie Sehnsucht nach dieser Epoche, die Sicherheit verlieh, in der man in jedem Augenblick wußte, wo jeder einzelne stand, was jeder tat, in seiner Fabrik, seinem Büro oder anderswo, aber jedenfalls unterstellt, beaufsichtigt, kostenlos diszipliniert, beschäftigt. An seinem Platz und festgenagelt. Und ausgebeutet.

Die Mehrheit, die das Ende einer Gesellschaftsordnung erlebt, die ihnen gegenüber ausgesprochen grausam war, sieht jetzt, wie sich eine armselige Karikatur einer solchen Ordnung an deren Stelle setzt; sie klammern sich um so mehr an die Spuren dieser alten Ordnung, an eine Geschichte, die zwar ihre ist, deren Grundlagen aber verschwunden sind. Sie versuchen, das Leben von früher weiterzuleben und das, was es bedeutet hat, ohne daß neue Bedeutungen erschienen wären, die an die Stelle der entschwundenen Werte treten könnten.

Hier kommt die Wehmut vor allem daher, daß die Beschäftigung neben den Mitteln zum Leben (selbst wenn sie unzureichend waren) auch Bezugspunkte vermittelte, deren Verlust schwer zu verarbeiten ist und ohne die die Welt vielen Menschen grenzenlos leer erscheint – nichts hat mehr Bezug zu ihnen selbst, sie sind der nackten Brutalität des Lebens und seinen großen Fragen schutzlos ausgeliefert, ohne Antwort. In Wirklichkeit sind sie dem

Tod ausgeliefert, und es fehlen alle Zerstreuungen, die einmal ein integriertes, erfülltes, mit anderen geteiltes Leben ermöglichten, ein Leben, das den alten Ausdruck nahelegte: »Ich kann nicht sterben, ich habe viel zuviel zu tun.« Ein solches Leben hatte Vorbilder und war ihnen nachgebildet, und Handeln verdrängte die Zweifel. Einsamkeit war ausgeschlossen, das Gefühl, zu einem Ganzen zu gehören, hielt warm, beruhigte, gab dem im guten wie im schlechten geteilten Schicksal eine Bedeutung. Häufiger wohl im schlechten, sicher, aber innerhalb dieses Rahmens war es selbstverständlich, gemeinsam zu kämpfen – die große Masse verbündet gegen die Privilegierten, die damals noch nicht auf sie verzichten konnten.

Die Welt der Erwerbsarbeit: das Leben läuft eng mit einer Chronologie, einem Kalender, einem Zeitplan verbunden ab. Die Zeit verliert sich nicht in einer seltsamen, fremden Ewigkeit, mit der man »nichts zu schaffen« und in der man nichts zu suchen hat. Die Einteilung der Zeit: Sonntage, Wochenenden, Feiertage, Ferien, die das Jahr strukturieren, kollektive Bezugspunkte, die kaum Muße lassen und eine gleichförmige und gewisse Zukunft vorhersagen. Arbeitsstätten, an denen man erwartet wird, wo man »seinen Platz« hat, mit einer verbürgten Daseinsberechtigung. Vor allem mit jenem so wesentlichen Status der »Würde«, den nach Aussage der Propaganda nur eine Beschäftigung verleiht.

Aber um welche Würde geht es hier? Um die Würde, die es ermöglicht, ganz nach dem Belieben der »Finanzblase« entlassen zu werden und sich unaufhörlich unterwerfen zu müssen, um die Chancen, tatsächlich entlassen zu werden, nicht noch zu erhöhen?

Um die »Würde«, eine Untergebenenmentalität zu entwickeln, die Autorität der Arbeitgeber für ein göttliches

Recht zu halten, die Hierarchie für ein Dogma, die eigene Unterordnung für eine erwiesene Tatsache? Um die »Würde«, auf die Rolle eines kleinen Kindes reduziert zu werden, Zielscheibe eines dauernden systematischen Argwohns, der einen zum Beispiel zwingen kann, durch Stempeln zu beweisen, daß man kein Lügner ist, daß man nicht geschummelt hat bei den Anwesenheitszeiten? Und es wem zu beweisen? Wie legitimieren sich diese Vorrechte des Arbeitgebers gegenüber denen, die er beschäftigt, denen *er* keine Rechenschaft schuldig ist? Was ist der Grund für diese Macht, diese absolute Autorität, wenn nicht schlichtweg die Abhängigkeit derer, die sie erleiden?

Geht es um die »Würde« zu erleben, wie die Minuten, die einem gewährt werden, um auf die Toilette zu gehen, etwas zu essen, vielleicht zu duschen, sich umzuziehen, kurz durchzuatmen, begrenzt und auf das absolute Minimum reduziert werden? Es genügt, sich auf die harten Diskussionen über die Anwendung der Regelungen zur 35-Stunden-Woche zu beziehen, um zu erfahren, ob die Minuten, die man zum Umkleiden braucht, in den neuen Arbeitszeiten eingerechnet sind oder nicht. Ist es eine unerläßliche »Würde«, erleiden zu müssen, daß jede Sekunde gezählt wird, die nicht direkt auf den Profit des Unternehmens verwendet wird? Zu erleben, wie jede einzelne Geste überwacht wird, der Autorität unterworfen ist und häufig von einer offiziellen Erlaubnis abhängt?

Oder besteht die »Würde« vielleicht darin, daß einem ständig zugesetzt wird; in dem Recht auf Zurechtweisungen; darin, schon wegen geringfügiger Fehler bestraft zu werden? Darin, das Recht zu haben, seinen Status zu verlieren, seine Freiheit als Erwachsener – faktisch unter Vormundschaft gestellt, kontrolliert, verdächtigt, ohne moralische oder gesetzliche Gründe bestraft zu werden, nach willkürlichen Regeln, die im Zusammenhang mit einem im Vergleich zu Löhnen und Gehältern maßlosen Profit aufgestellt werden? Oder vielleicht darin, das Recht zu haben, die Verantwortung für Inkompetenzen von Unternehmern übernehmen zu müssen, entlassen zu werden, um deren Irrtümer zu bezahlen, für die die Unternehmer selbst meist entschädigt werden oder jedenfalls Absolution erteilt bekommen?

Handelt es sich um die »Würde« unsicherer Beschäftigung, aufgezwungener Teilzeitarbeit, die Würde von Praktika oder befristeten Stellen, von deren Bezahlung kein Lebensunterhalt bestritten werden kann und die zumeist keinen anderen Nutzen haben als entweder die Arbeitslosenstatistiken zu schönen oder an die Stelle einer wirklichen, normal entlohnten Arbeit eine unterbezahlte Stelle ohne Schutz oder Garantie zu setzen?

Die »Würde« schließlich, daß man ohne irgendeinen anderen Grund aus einem Unternehmen geworfen wird als den, dem Unternehmen zu ermöglichen, dieses Unglück an der Börse bekanntzugeben und daraus gewaltige Zusatzprofite zu erzielen? Denn die Verarmung der Arbeitslosen, ihr häufiges Elend, ihr beschädigtes Leben stellen einen enormen, sehr genau bezifferbaren Wert dar, von dem sie selbst – das versteht sich von selbst – niemals auch nur einen Bruchteil erhalten werden, von dem aber die für ihre Entlassung Verantwortlichen profitieren.

Stellt all das wirklich die Würde dar, die die Erwerbsarbeit den Menschen verleiht? Sind das die Gründe dafür, daß man sie glorifiziert? Nein, nicht die Erwerbsarbeit ist vorrangig, sondern die Menschen, die um den Preis der genannten Schwierigkeiten von ihr abhängen. Nun besteht die vorderste Berufung dieser Menschen aber nicht darin, für das und bei dem »beschäftigt« zu sein, was sie zerstört; das Wichtigste ist nicht, »den Leuten Arbeit zu verschaffen«; das Wichtigste sind die Leute. Und ihr freier Wille.

Wenn die Arbeitslosigkeit durch Armut ersetzt werden soll, wenn allein die Zahl der Arbeitsplätze den Wert einer Gesellschaft bezeichnen soll, während diese Arbeitsplätze ebenfalls Armut, Erniedrigung und Verachtung bedeuten, wenn all dies als Segen angesehen werden soll, den man gnädig gewährt hat und mit dem man sich um jeden Preis zufriedengeben muß, dann ist diese Gesellschaft – weit davon entfernt, wieder gesundet zu sein – wirklich und von Grund auf zerrüttet und verkommen.

Wenn »Beschäftigung für Jugendliche« auf die Irrfahrt von einem kleinen Job zum nächsten reduziert wird und nicht wirklich in eine Zukunft führt, zu realen Chancen auf ein Leben, das mit der Gesellschaft synchron läuft, die sich wiederum zu diesem Leben synchron verhält; wenn die einzige Bedeutung solcher Beschäftigung darin liegt, daß man der Statistik entgeht und nicht etwa gar keine Arbeit hat, aber doch ohne jede Garantie für die Zukunft bleibt, ohne Möglichkeit, sich zu beweisen, selbständig zu sein, sich dem Erwachsenenleben zu stellen, dann hat diese Beschäftigung keinen Sinn außer dem, den allgemeinen Niedergang zu legitimieren.

Man beginnt zu begreifen, daß das Klammern an ein überkommenes Modell, das die Menschen in der Unterwerfung und in einer immer wieder als Zukunft versprochenen Vergangenheit festhält, zum Preis der geopferten Gegenwart, nicht helfen kann; dies kann nur eine erfüllte, bewußt gelebte Gegenwart, die die Menschen in die Lage versetzt, eine Politik abzulehnen, welche die Erklärung der Menschenrechte zwar feiert, sie für die Moderne aber als schädlich ansieht.

Widerstand leisten bedeutet zunächst: sich weigern. Dringlichkeit liegt heute in dieser Weigerung, die nichts Negatives hat, die ein unerläßlicher, ein lebenswichtiger Akt ist. Das Vorrangigste aller vorrangigen Dinge: den Terror der Ökonomie abzulehnen, sich aus der Falle zu befreien und dann Schritte nach vorne zu tun.

Dringlich ist nicht die unmittelbare Lösung von falschen Problemen, dringlich ist vielmehr, unmittelbar die wahren Probleme zu zeigen und gegen ihre Ursachen vorzugehen, ohne deshalb unbedingt bereits darüber entschieden zu haben, was dem, was man ablehnt, folgen wird. Die »Lösung« besteht nicht im Vorschlag eines anderen Modells, in einem fertigen Ersatzteil-Set, im Versprechen einer ganz neuen, sauberen, garantiert schlüsselfertigen Gesellschaft – wir wissen heute, was solche Modelle wert sind …

Es geht auch nicht um ein Rezept, eine Gebrauchsanweisung, die für den Erfolg dieser Gegnerschaft bürgt, sondern darum, das Risiko einzugehen, das Nicht-Hinnehmbare abzulehnen. Versprechungen zu fordern, bevor man Widerstand leistet, bedeutet, der Idee des Widerstands selbst Widerstand zu leisten und das Spiel der bestehenden Macht mitzuspielen.

Wir kennen die tausend und eine Lösung, die jeden Tag, jede Woche, jeden Monat mit den bekannten Ergebnissen vorgeschlagen werden. Und jene Lösungen, die auf Probleme antworten, die so gestellt oder erfunden werden, daß sie der ihnen zugedachten Lösung entsprechen.

Nicht Antworten auf Fragen an das System, die das System selbst nahelegt oder stellt, sind unverzüglich zu finden, sondern vielmehr muß die Falle gesehen werden, die diese Antworten darstellen. Die Postulate und Weisungen, auf deren Grundlage sie formuliert werden – womit sie bereits im vorhinein legitimieren, worum gestritten wird – gelten nämlich bereits als Antworten.

Jeder Widerstand beginnt zunächst damit, daß dieser Teufelskreis erkannt und durchbrochen wird, denn aus dem Inneren dieses Systems ist keine Sichtweise außer seiner eigenen monomanischen, obsessiven möglich, die seine Propaganda verbreitet.

Eine Form dieser Propaganda versucht uns darauf zu konditionieren, die Aufdeckung des Terrors eher abzulehnen als den aufgedeckten Terror, versucht uns zu überzeugen, für jede angeprangerte Situation eine Patentlösung zu fordern oder zumindest gesicherte Heilmittel und Rezepte. Man denkt, wir seien empört über jede Feststellung, jede Kritik, die sich erlauben würde, gründlich und genau eine reale, nicht erfundene Wirklichkeit zu dokumentieren, die sich von jener beruhigenden Wirklichkeit unterscheidet, die uns ständig vorgekaut wird (damit wir uns nur keine Sorgen machen), indem man uns von der Sorge erzählt, die man sich um uns macht. Es herrschen offenbar erschwerende Umstände, wenn eine nüchterne Bestandsaufnahme nicht von Tröstungen, Wundermitteln und trügerischen Versprechungen begleitet wird, auf die wir vermeintlich nicht verzichten können.

All das sind Tricks, die entweder die sofortige Ersetzung des angeprangerten Modells durch ein anderes verlangen, das uns ebenso gebieterisch aufgezwungen wird;

oder irgendwelche Notlösungen, die mit dem Ausmaß und dem Wesen des Übels nicht vereinbar sind, aber als ausreichend ausgegeben werden, oder die nach langen Fristen verlangen, die mit dem Nachdenken und der unerläßlichen demokratischen Konsensbildung über jeden Vorschlag notwendig einhergehen. Die Folge der Propaganda ist dabei – unter dem Deckmantel einer angeblichen Ungeduld –, alles, und sei es der Schatten einer wirklichen Reaktion auf die drohende Gefahr der Barbarei, zu verzögern, wenn nicht bis zum Sankt Nimmerleinstag zu verschieben.

Diese Propaganda setzt auf die natürliche, aber ebenso kindische wie gefährliche Neigung, immer jenen dankbar in die Arme zu sinken, deren Lösungen unsere Sorgen beiseitewischen und das Problem gleich mit. Als wären wir unfähig, eine Übergangszeit zu überstehen, während der man die Last einer quälenden Frage tragen und erleiden muß, ohne sie bereits gelöst zu wissen; als wären wir außerdem unfähig, Partei zu ergreifen, ohne im voraus bereits die Garantie auf Durchsetzung unserer Ziele zu haben. Es handelt sich um eine Propaganda, die auf die individuelle Unlust setzt, sich einzubringen, sich verantwortlich für das zu fühlen, was man wünscht, sowie für das, was man ablehnt, und die sich hinter der Forderung verschanzt, erst alles über die Zukunft *nach* dem Terror wissen zu müssen, bevor man ihn ablehnt.

Nun geht es aber im Angesicht des Nicht-Hinnehmbaren nicht darum, bereits alle Strategien gefunden zu haben, die geeignet sind, der Sache Herr zu werden, und noch weniger darum, präzise eine für alle akzeptable Zukunft vorzuschreiben. Die erste mögliche Tat besteht, um es noch einmal zu sagen, in einer Weigerung. Und das bedeutet nicht, sich ins Blaue hinein zu bewegen, naßforsch

Existierendes abzulehnen, ohne irgendwelche anderen Vorschläge zu machen. Der Vorschlag existiert: Er besteht darin, das Nicht-Hinnehmbare abzulehnen. Das Nicht-Hinnehmbare der »Welt, wie sie ist«. Es geht darum, sich umzusehen und zu begreifen, wo wir stehen, wohin wir geführt werden könnten, in welchem Maße und wie schnell die Aufweichung aller Gesetze und die offiziell bewilligten Verirrungen heute den Sieg davontragen.

Wenn ein Brand schwelt oder ausbricht, denkt man dann schon über die Reparaturen nach, zeichnet die Pläne eines neuen Hauses, bevor man das Feuer löscht?

Es geht nicht darum, Luftschlösser zu bauen. Auch nicht darum, Projekte zu improvisieren, denn sie müssen zahlreich sein, aus verschiedenen Richtungen kommen und demokratisch vorgeschlagen werden, um dann ausführlich unter dem Gesichtspunkt unterschiedlicher »Empfindlichkeiten« und offen für Meinungsdifferenzen diskutiert zu werden. Es handelt sich um eine langsame, keinesfalls kurzfristige Arbeit.

Nun geht es aber darum, der Allmacht eines uniformen, weltweiten Regimes ohne Gegenmacht, das sich jeden Tag durch seine Räubereien, seine mehr oder minder verschleierten Gewaltstreiche stärkt und sich aus seinen eigenen Erfolgen nährt, unverzüglich entgegenzutreten. Dieses Regime ist bereits zu weit gegangen, und wenn es sich weiterentwickelt, besteht die Gefahr, daß es uns zu jenem Schlimmsten treibt, auf das es uns geradezu abrichtet, indem es alles, was dorthin führt, alltäglich erscheinen läßt.

Man kann es gar nicht oft genug wiederholen: Es hinzunehmen, daß Menschen als überflüssig angesehen werden und daß sie selbst so weit kommen, sich als störend zu empfinden, bedeutet zuzulassen, daß sich die Voraussetzungen für die schlimmstmögliche Entwicklung ausbreiten. Es ist keineswegs lächerlich zu behaupten, daß am Anfang aller Totalitarismen diese Verweigerung von gegenseitigem Respekt steht; sie ist es, die allen Faschismen den Weg ebnet; und auf diesem Wege breiten sie sich aus.

Überall und zu allen Zeiten haben potentielle Diktatoren gelebt, die nie in Erscheinung getreten sind oder nicht an die Macht gekommen, ja, ihr nicht einmal näher gekommen sind. Einer der Faktoren, die es ihnen erlaubt haben – einer winzigen Zahl unter ihnen –, Gestalt anzunehmen, hervorzutreten und, mit finanzieller Unterstützung, die Macht zu übernehmen und sie (niemals für lange Zeit) zu behalten, ist ein gewisses Klima gedankenloser Gleichgültigkeit, stillschweigender Zustimmung sowie der von vielen Menschen – solchen, die gern klein beigeben – geteilte Eindruck, nicht betroffen zu sein. Vielleicht auch das allgemeine Verlangen nach einer sofortigen Lösung, die andere ausführen werden.

Die Massen mögen hysterisch werden, wenn sie einmal vor vollendeten Tatsachen stehen – aber es ist nicht die vorgefaßte oder allmählich entstehende Überzeugung irgendwelcher Leute, die dem Totalitarismus erlaubt, Fuß zu fassen, es ist vielmehr die fehlende Überzeugung jener, die ihn identifizieren und ablehnen könnten.

Den Völkermord virtuell abzulehnen ist nicht genug. Er ereignet sich nicht aus heiterem Himmel: Er benötigt einen bereiteten Boden; und man muß ihm bereits im Vorfeld Widerstand leisten.

Wer duldet, daß irgend jemand offiziell oder halboffiziell, im Zuge der Verwaltung oder nach gewissen unausgesprochenen Codes diskriminiert wird, läßt damit Bedingungen zu, die zum Völkermord führen können.

Wer duldet, daß wem auch immer nur ein Haar gekrümmt wird, billigt bereits den Völkermord.

Ein Vorspiel zum Schlimmsten ist aber auch, wenn man es für belanglos hält, daß ein System Millionen und Abermillionen von Menschen, die unterhalb der Armutsschwelle leben, wenn nicht umbringt, so doch durch bewußtes Aufgeben zugrunde gehen läßt.

Die verschont bleiben können sich nicht vorstellen, was es hieße, im Körper jener zu leben, die leiden und immer nur leiden, ohne Aussicht auf anderes als weiteres Leiden – und nicht, weil sie es akzeptieren, sondern weil es akzeptiert wird. Es ist ihnen auch nicht wirklich klar, daß jede »Einheit«, die die Zahl der Arbeitslosen oder der Armen in den Statistiken anwachsen läßt, ein Mensch ist. Daß die Menschen, die jene Zahlen darstellen, nicht an und für sich »Arme«, »Hungernde«, »Obdachlose«, »Opfer« sind; daß es nicht ihre Aufgabe ist, dies zu sein, sowenig wie es die Aufgabe von irgend jemandem ist. Daß sie vielmehr jeder ein wirkliches Leben zu leben versuchen, vielleicht das Schwierigste überhaupt.

Niemand kann wirklich ausgeschlossen werden, aber die Vorstellung selbst beruhigt; sie hilft, die Hartnäckigkeit derer zu vergessen, die da weiter existieren in ihrer eigenen Welt, einer Welt, von der nur eine Art sozialer Wahnsinn behaupten kann, sie auf ihren Platz verwiesen zu haben. Das ist die Ausrede derjenigen, die diese Apartheid zulassen – und sei es ungewollt und eher mit einer Neigung zum Mitleid –, eine Ausrede, die letztlich aus der Illusion besteht, der Verbannte sei in gewisser Weise leidensunfähig und gegen alle Übel immun, die ihm in einer Welt angetan werden, zu der er offenbar nicht mehr gehört und deren Verwerfungen ihm fremd sind.

Es gibt immer gute, tugendhafte, vernünftige Gründe,

grausam zu sein. Wie viele sanftmütige Menschen waren schon immer und überall von der Legitimität des Terrors überzeugt!

»Sie denken doch wohl nicht …«, sagen sie oder sagten sie im liebenswürdigen Ton, führen Sie ohne lange zu fragen als verirrtes Schaf zur Herde zurück und weigern sich, Sie für verdammenswert halten zu müssen. »Sie werden doch wohl nicht denken …« – während Sie doch sehr wohl denken, und diese Möglichkeit sogar beanspruchen! »Sie werden doch wohl nicht denken, wir müßten *all* diese Einwanderer hier dulden?« Dies nun weniger im Ton einer Frage als in dem eines noch nachsichtigen Befehls, mit dem Unglauben, der Ihnen noch eine Chance läßt – aber die letzte –, nicht etwa Ihren Standpunkt zu äußern, sondern sich von allen möglichen Verirrungen loszusagen. Es geht vor allem darum, Ihnen zu verstehen zu geben, daß es nichts mehr zu diskutieren gibt, daß die Frage geklärt ist. Daß »die Welt, wie sie ist« sich schon um alles kümmert.

Es gibt sehr viel brutalere Sätze, Verbote, Handlungen und Grausamkeiten, aber dieser Satz entstammt einer so sanftmütigen Selbstgefälligkeit, daß er den Terror zementiert.

»Sie denken doch wohl nicht …« Wie viele haben ihn, bequem eingerichtet in ihrer Selbstsicherheit, leutselig und gebieterisch zugleich in ihrer Gewißheit, im Alleinbesitz der Wahrheit zu sein, ausgesprochen – und waren dabei nicht nur überzeugt, sich nicht zu irren, sondern ihre Meinung in Übereinstimmung mit der Macht und der *Vox populi* noch für Jahrhunderte herrschen zu sehen.

Die Mehrheit und die Mächtigen in den Vereinigten Staaten waren sicher, man werde doch wohl nicht denken, daß die Schwarzen ein Anrecht auf dieselben Rechte haben wie die Weißen und daß die Verweigerung dieser Rechte nicht zur natürlichen Ordnung gehört; die reine realistische Menschlichkeit verbot es doch wohl zu denken, daß ... Manche haben es dennoch gedacht und die Sklaverei abgeschafft.

Aber nicht die Rassentrennung! »Sie denken doch wohl nicht ...« – ging es weiter – »daß die Kinder von Negern die Schulen von Weißen besuchen könnten, daß die Schwarzen womöglich ...« Streiks, Märsche, Boykotts, Demonstrationen und Weiße, die sich den Schwarzen anschlossen, haben bewiesen, daß man sehr wohl denken kann, daß ... »Ich hatte einen Traum«, hat jemand gesagt, und es schien durchaus in die Kategorie der Träume zu gehören, die davon handeln, die Erkenntnis des Martin Luther King in die Realität umzusetzen, gemeinsam mit immer mehr anderen Menschen, häufig auch Weißen. Nun, heute ist diese Erkenntnis Gesetz, ist verbreitet und gültig.[51] Diese Gültigkeit wurde ohne Gewalt gegen die Arroganz der Stärkeren erworben, die sich ihres guten Rechts ganz sicher waren und über alle Macht verfügten, was für die seit so langer Zeit von der Mehrheit unterdrückte Minderheit nie anfechtbar schien.

Die Abschaffung der Apartheid in Südafrika läßt das Ende des häufig so düsteren 20. Jahrhunderts in hellem Licht erstrahlen. Es ist ein vor kurzem errungener Sieg, wurde Nelson Mandela doch erst 1990 aus der Haft entlassen, nachdem er bereits 18 Jahre einer lebenslänglichen

51 Auch wenn die Realität sich noch nicht so entwickelt, wie es möglich wäre: Das Elend, von dem weiter oben die Rede ist, ist häufig noch immer das der Minderheiten; aber das Elend selbst (das in den Vereinigten Staaten noch widersinniger ist) muß beseitigt werden.

Freiheitsstrafe im Gefängnis verbracht hatte. Im selben Jahr erreichte er die Aufhebung der Rassentrennung. Drei Jahre später machten ihn demokratische Wahlen, an denen sich nicht mehr wie zuvor nur eine Rasse beteiligen durfte, zum Staatschef, zum Führer seines Landes, aber auch zum Präsidenten seiner weißen Landsleute, die ihn und die Seinen lange Zeit als Untermenschen betrachtet und behandelt hatten und die jetzt gesetzlich zur selben Gruppe von Menschen gehörten.

Oft wurden im Zusammenhang mit der auch von Weißen angefochtenen Apartheid diese Worte gesagt: »Sie denken doch wohl nicht, daß ...« Aber ja doch, man kann sehr wohl denken! Und wissen, daß es, wenn auch nichts von vornherein jemals gewonnen oder verloren ist, gute Chancen gibt, das Nicht-Hinnehmbare zu beseitigen – allerdings nur, wenn es zuvor mit Überzeugung und ein wenig Vertrauen konstatiert und verworfen wurde.

Das Nicht-Hinnehmbare beginnt nicht erst mit dem Völkermord, der vielmehr eine seiner Konsequenzen darstellt, sondern weit früher. Alles andere ist eine abscheuliche Entschuldigung, nämlich die der Nazi-Kollaborateure, die sich freizusprechen glaubten, indem sie erklärten, nichts von der »Endlösung« gewußt zu haben. Damit haben sie es also normal gefunden, es normal gefunden zu haben, daß Männer, Frauen, Greise und Kinder den gelben Stern tragen mußten, daß sie von der Bevölkerung beschimpft und mißhandelt wurden, daß sie Razzien zum Opfer fielen, daß sie massenhaft in Lastwagen, Autobusse oder Eisenbahnwaggons geworfen, in Lager gesperrt, vertrieben und deportiert wurden. Die Kollaborateure fanden es normal, daß sie das als nicht ungewöhnlich empfanden, als eine Sache unter anderen, über die man sich erst ab dem Moment hätte empören müssen, als Menschen umgebracht wurden, und auch nur, wenn dies einer großen Anzahl von ihnen geschah.

Es geht hier selbstverständlich nicht darum, die heutige Zeit mit der NS-Zeit zu vergleichen. Es geht aber darum zu sehen, wie weit Blindheit gegenüber dem Schicksal anderer führen kann, wo die Ausreden enden, die man sich ausdenkt, um die schlimmsten Dinge rasch in die Kategorie der Nicht-Ereignisse einzuordnen. Das Schlimmste ist dabei übrigens nicht immer der Tod, sondern das in den Lebenden mißhandelte Leben.

Es geht darum, daran zu erinnern, daß angesichts der Dogmen, der Arroganz, der Überzeugungsmöglichkeiten der herrschenden Macht und ihrer Diener und Adepten, angesichts ihrer Gewißheit, auf ewig an der Macht zu sein und den Planeten in ihr eigenes Denkmal verwandelt zu haben, daß gerade gegenüber Diktaturen jede Form von Widerstand immer unvernünftig, verrückt und außerdem wie eine zugleich naive wie kriminelle und unnütze Irrlehre gewirkt hat. Und es soll daran erinnert werden, wie wesentlich es ist, sich immer das Recht zu nehmen, »wohl zu denken, daß ...«. In der Demokratie wie unter der Diktatur. Der Beitrag der Demokratie und der Menschenrechte ist sehr wichtig, aber er hat nicht verhindert, daß der Kolonialismus als ein selbstverständliches Recht offiziell abgesegnet wurde und als solches einen integralen Bestandteil der allgemeinen politischen Weltsicht darstellt. Er verhindert nicht die gegenwärtigen Versuche, den gesamten Planeten zu kolonisieren.

Wir werden nie wachsam genug sein. Es gibt keine Grenzen für das, was kommen kann, wenn sich die reinen Seelen Absolution erteilen, um an den einen zu begehen, was sie bei den anderen nicht wagen würden, und wenn sie sich das Recht zubilligen, einen Teil der Menschheit für minderwertig zu halten. Wenn es keine Ethik gibt, gelten keine Grenzen mehr. Und auch dann nicht, wenn man es hinnimmt, daß auch nur einem Menschen auch nur ein einziges seiner Rechte verweigert wird. Und auch nicht, solange – unter dem übernommenen Begriff »Globalisierung« – jene ultraliberale Diktatur herrscht, die den Profit über die Menschen stellt.

Aktuelle Themen im dtv

Michel Baeriswyl
Chillout
Wege in eine neue Zeitkultur
dtv premium 24208

Paulina Borsook
Schöne neue Cyberwelt
Mythen, Helden und Irrwege des Hightech
dtv premium 24255

Hans-Peter Dürr
Für eine zivile Gesellschaft
Beiträge zu unserer Zukunftsfähigkeit
dtv 36177

Francis Fukuyama
Der große Aufbruch
Wie unsere Gesellschaft eine neue Ordnung erfindet
dtv 36271

Mario Gmür
Der öffentliche Mensch
Medienstars und Medienopfer
dtv 36260

Angela Grünert
Der längste Weg heißt Frieden
Die Frauen im ersten palästinensischen Parlament
dtv premium 24145

Kent Lindahl
Exit
Mein Weg aus der Neonazi- Szene
Aufgezeichnet von Janne Mattson
dtv 36251

Christian Nürnberger
Kirche, wo bist du?
Warum läuft die Kirche dem Zeitgeist hinterher, statt ihm wesentliche Impulse zu vermitteln?
dtv premium 24232

Matthias Rüb
Kosovo
Ursachen und Folgen eines Krieges in Europa
dtv 36175

Peter Singer
Wie sollen wir leben?
Ethik in einer egoistischen Zeit
dtv 36156

Frederic Vester
Phänomen Streß
Wo liegt sein Ursprung, warum ist er lebenswichtig, wodurch ist er entartet?
dtv 33044

Francis Fukuyama

Der große Aufbruch

Wie unsere Gesellschaft eine neue Ordnung erfindet
dtv 36271

Francis Fukuyama, Autor des Bestsellers ›Das Ende der Geschichte‹, wendet sich entschieden gegen den weit verbreiteten Pessimismus angesichts zunehmender Politikverdrossenheit, steigender Kriminalität und wachsender sozialer Kälte. Er sieht hier nicht Symptome des Niedergangs, sondern des Übergangs zur neuen Informations- und Netzwerkgesellschaft. Sie ermöglicht individuelle Lebensstile, intensiven Austausch und eine faire Verteilung der Aufgaben. Kernelement dieses »Sozialkapitals« ist ein neues Verantwortungsbewusstsein für ethische Normen und traditionelle Werte.

»Ein hochrangiges Buch.«
The Times

20 Tage im 20. Jahrhundert

Herausgegeben von
Norbert Frei, Klaus-Dietmar Henke und Hans Woller

Diese Buchreihe ist die Grundlage der gleichnamigen Fernsehdokumentation der ARD.

Volker R. Berghahn
Sarajewo, 28. Juni 1914
Der Untergang des alten Europa
dtv 30601

Dietrich Beyrau
Petrograd, 25. Oktober 1917
Die russische Revolution und der Aufstieg des Kommunismus
dtv 30602

Hans Woller
Rom, 28. Oktober 1922
Die faschistische Herausforderung
dtv 30603

Jürgen Osterhammel
Shanghai, 30. Mai 1925
Die chinesische Revolution
dtv 30604

Hans Mommsen
Auschwitz, 17. Juli 1942
Der Weg zur europäischen »Endlösung der Judenfrage«
dtv 30605

Jost Dülffer
Jalta, 4. Februar 1945
Der Zweite Weltkrieg und die Entstehung der bipolaren Welt
dtv 30606

Detlef Bald
Hiroshima, 6. August 1945
Die nukleare Bedrohung
dtv 30607

Dietmar Rothermund
Delhi, 15. August 1947
Das Ende kolonialer Herrschaft
dtv 30608

Franz Knipping
Rom, 25. März 1957
Die Einigung Europas
dtv 30609 (i. Vb.)

Robert D. Johnson
Washington, 20. Januar 1961
Der amerikanische Traum
dtv 30610

Helmut Mejcher
Sinai, 5. Juni 1967
Krisenherd Naher und Mittlerer Osten
dtv 30611

20 Tage im 20. Jahrhundert

Herausgegeben von
Norbert Frei, Klaus-Dietmar Henke und Hans Woller

Norbert Frei
Paris, 13. Mai 1968
Kulturprotest und Gesellschaftsreform
dtv 30612
(i. Vb.)

Brigitte Röthlein
Mare Tranquillitatis, 20. Juli 1969
Die wissenschaftlich-technische Revolution
dtv 30613

Wilfried Loth
Helsinki, 1. August 1975
Entspannung und Abrüstung
dtv 30614

Harold James
Rambouillet, 15. November 1975
Die Globalisierung der Wirtschaft
dtv 30615

Mária Huber
Moskau, 11. März 1985
Die Auflösung des sowjetischen Imperiums
dtv 30616
(i. Vb.)

Franz J. Brüggemeier
Tschernobyl, 26. April 1986
Die ökologische Herausforderung
dtv 30617

Klaus-Dietmar Henke, Kurt Sontheimer
Berlin, 9. November 1989
Die deutsche Frage
dtv 30618
(i. Vb.)

Walther L. Bernecker
Port Harcourt, 10. November 1995
Aufbruch und Elend in der Dritten Welt
dtv 30619

Michael Jeismann
Boston, 26. Dezember 2000
Schöne neue Welt: Erwartung und Erfahrung
dtv 30620
(i. Vb.)

Eric J. Hobsbawm im dtv

Das Zeitalter der Extreme

Weltgeschichte des 20. Jahrhunderts
dtv 30657

Das »kurze 20. Jahrhundert« aus globaler Perspektive – auf der Basis ungeheuren Kenntnisreichtums wie auch persönlicher Erfahrung präzise analysiert und meisterhaft geschildert von einem der bedeutendsten Historiker unserer Zeit.

»Weit und breit ist kein Rivale von überlegener Kompetenz zu erkennen.«
Der Spiegel

Wieviel Geschichte braucht die Zukunft

dtv 30818

Welthistorische Umbrüche und rasende Beschleunigungen – mehr denn je muß der Mensch verstehen, wie die Welt zu dem geworden ist, was sie heute ist, und ob und wie die Menschheit einer besseren Zukunft entgegengehen kann.

»Wieviel Geschichte braucht die Zukunft? Die Frage läßt sich am Ende einfach beantworten: Jede Menge – vor allem, wenn Hobsbawm sie schreibt.«
Frankfurter Allgemeine Zeitung

Das Gesicht des 21. Jahrhunderts

Ein Gespräch mit Antonio Polito
dtv 30844

Einer der bedeutendsten Historiker unserer Zeit erklärt die Gegenwart aus der Vergangenheit und gibt nachdenkenswerte und weitblickende Antworten auf die wesentlichen Fragen der Zukunft.

»Die Dichte des Gesprächs lohnt jede Leseminute.«
Süddeutsche Zeitung

Joseph Rovan im dtv

Geschichte der Deutschen
Von ihren Ursprüngen bis heute
dtv 30638

Zwei Jahrtausende deutscher Geschichte zeichnet Joseph Rovan in den großen Entwicklungslinien und Epochen nach. Er charakterisiert die Kräfte, die der Geschichte der Deutschen ihre besondere Dynamik gegeben haben.

»Ein ungewöhnlich kühnes und souveränes Buch, durch das der Verfasser seinen Anspruch auf Mitbesitz an der deutschen Geschichte, die, wie er sagt, ihm einst entrissen und verboten wurde, zum Ausdruck bringt.« *Michael Stürmer*

Im Zentrum Europas
Deutschland und Frankreich im
20. und 21. Jahrhundert
dtv 24205

Aus französischer und deutscher Sicht betrachtet Joseph Rovan die europäische Geschichte der vergangenen hundert Jahre, ausgehend von der Regierungszeit Otto von Bismarcks. Für die Zukunft entwirft der bekannte Historiker das Bild eines geeinten und starken Europa, das im Konzert der Weltmächte eine wichtige Rollen spielen kann, wenn es gelingt, die Lehren aus der bewegten Vergangenheit zu ziehen.

Geschichten aus Dachau
dtv 30766

Wie war ein Überleben unter den extremen Bedingungen des Konzentrationslagers möglich? Der bekannte Historiker Joseph Rovan beschreibt die Organisation des Überlebens, der gegenseitigen Hilfe und des Widerstands gegen die brutale Unterdrückung. Seine Geschichten beeindrucken nicht nur durch analytische Brillanz, sondern vor allem durch die große menschliche Wärme und Versöhnlichkeit, die aus ihnen spricht.

Männer, die Geschichte machten

Siegfried Lauffer
Alexander der Große
dtv 4298

Christian Meier
Caesar
dtv 30593

Karl Jordan
Heinrich der Löwe
Eine Biographie
dtv 4601

Ferdinand Seibt
Karl IV.
Ein Kaiser in Europa
1346 bis 1378
dtv 30767

Christian Graf
von Krockow
Die preußischen Brüder
Prinz Heinrich und
Friedrich der Große
Ein Doppelportrait
dtv 30659

Theo Schwarzmüller
Otto von Bismarck
dtv portrait 31000

Shimon Peres
Man steigt nicht zweimal in denselben Fluß
Politik heißt
Friedenspolitik
dtv premium 24181

Andrew Roberts
Churchill
und seine Zeit
dtv premium 24132

Patricia Clough
Helmut Kohl
Ein Portrait der Macht
dtv premium 24122

Martha Schad
Ludwig II.
dtv portrait 31033

Ekkehart Rotter
Friedrich II. von Hohenstaufen
dtv portrait 31040

Christian Graf
von Krockow
Bismarck
Eine Biographie
dtv 30784

Christian Graf
von Krockow
Churchill
Eine Biographie des
20. Jahrhunderts
dtv 30797

Carl Friedrich von Weizsäcker im dtv

»Ein Philosoph, der weiß, wovon er spricht, wenn er über Physik, Evolution, Politik und gar nicht leider auch Theologie spricht, ist vielleicht das letzte Exemplar einer aussterbenden Spezies; der Mut zur Synopsis und die Kraft der synthetischen Bemühung sind großartig.«
Albert von Schirnding, ›Süddeutsche Zeitung‹

Die Einheit der Natur
Studien
dtv 4660

Mit diesem längst zum Klassiker gewordenen Buch beleuchtet der Physiker und Philosoph die Grundfrage der modernen Wissenschaft: die Frage nach der Einheit der Natur und der Einheit der Naturerkenntnis.

Wahrnehmung der Neuzeit
dtv 10498

Aufsätze zu den wesentlichen Fragen und Problemen unserer Zeit. »Das Ziel ist, die Neuzeit sehen zu lernen, um womöglich besser in ihr handeln zu können.«

Der Mensch in seiner Geschichte
dtv 30378

Ein autobiographischer Rückblick, der Antworten auf die wichtigsten Fragen der modernen Naturwissenschaften und Philosophie gibt: Wer sind wir? Woher kommen wir? Wohin gehen wir?

Richard Tarnas

Idee und Leidenschaft

Die Wege des westlichen Denkens
Aus dem Englischen von Eckhard E. Sohns
dtv 30715

Woher kommen wir? Wohin gehen wir? Wohin bewegt sich die Welt? Seit Beginn der Zivilisation ist die Menschheit von der Leidenschaft erfüllt, die Welt und den Platz des Menschen darin zu verstehen. Richard Tarnas erzählt die Geschichte dieser Leidenschaft und entfaltet das Universum des westlichen Weltbildes in Philosophie, Religion, Wissenschaft und Kunst. Er beschreibt die abendländischen Ideen in ihrer Polarität und Widersprüchlichkeit, ein »Universum der Doppelwahrheiten«: Glaube und Wahrheit, das Männliche und das Weibliche, Tradition und Innovation, Bewusstsein und Unterbewusstsein. Tarnas zeigt uns »Sophies wirkliche Welt«, veranschaulicht Lehren und Epochen und weist den Weg zu einer spirituellen und intellektuellen Erneuerung. »Nur dieser Überblick kann uns in die Lage versetzen, zu entziffern, was vor uns liegt.«

»Tarnas gelingt es in seiner Geistesgeschichte hervorragend, die wichtigsten Denkströmungen zu beschreiben und ihre Auswirkungen zu verdeutlichen. Besonders fesselnd faßt er das Charakteristische der Wendezeiten zusammen.«

Salzburger Nachrichten